Einstern

Mathematik für Grundschulkinder

2

Arbeitsheft

Erarbeitet von
Roland Bauer
Jutta Maurach

In Zusammenarbeit
mit der
Cornelsen Redaktion
Grundschule

Cornelsen

Inhaltsverzeichnis

*zum Lernbereich „Zahlen und Operationen“

Einstern hilft dir:

schreiben

erkennen

denken

Zahldarstellungen zuordnen

1 Verbinde passend.

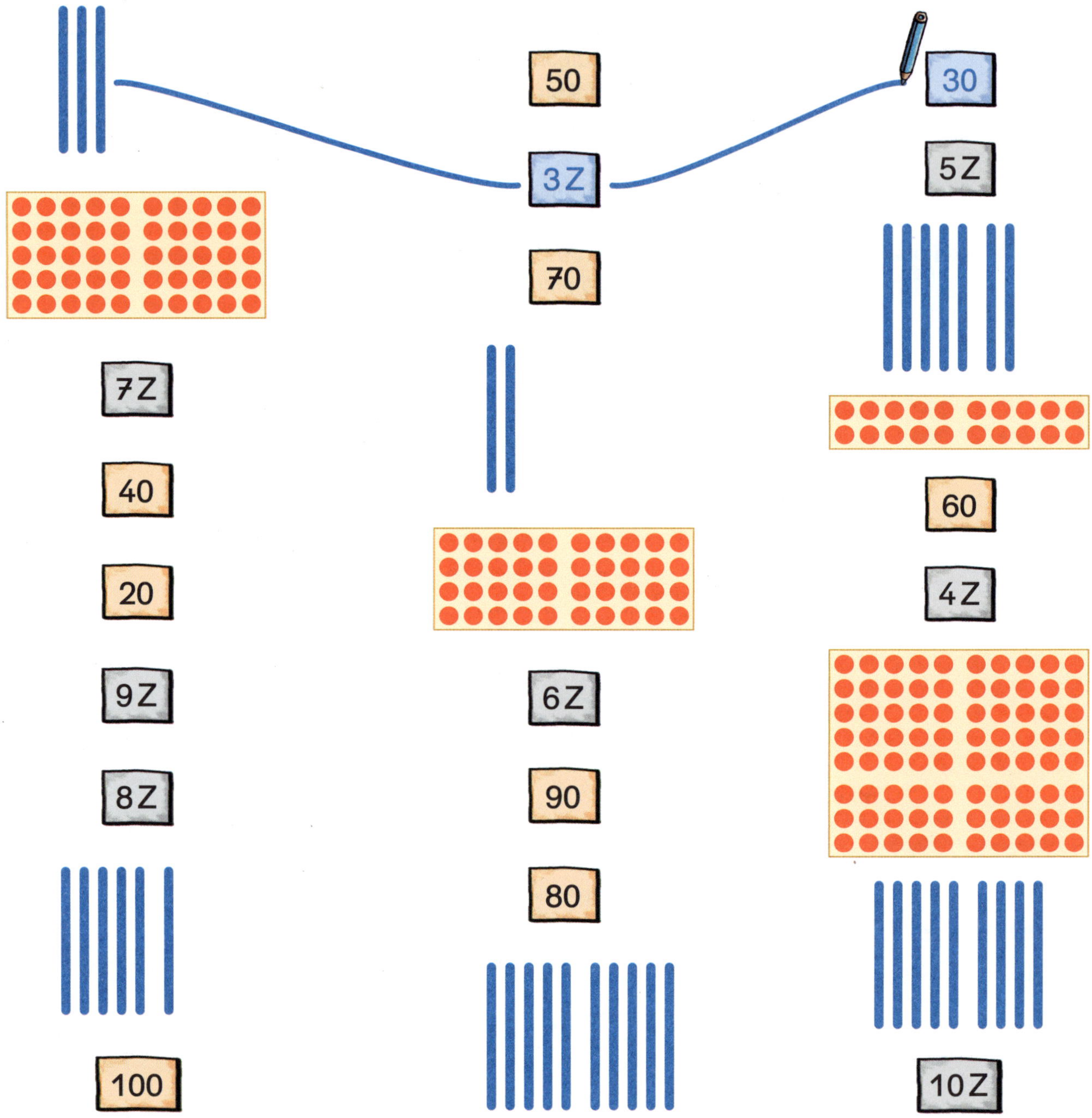

2 Verbinde passend.

Z	E
2	0

Z	E
5	0

Z	E
3	0

Z	E
7	0

Z	E
4	0

Z	E
8	0

Z	E
6	0

50 zwanzig 40 dreißig sechzig 70 80

Anzahlen schätzen und ermitteln

1 Schätze zunächst die Anzahl.
Zähle anschließend. Erstelle dazu eine Strichliste.

a) 

geschätzt: ☐ Euro

gezählt: ______

Z	E

Es sind ☐ Euro.

b) 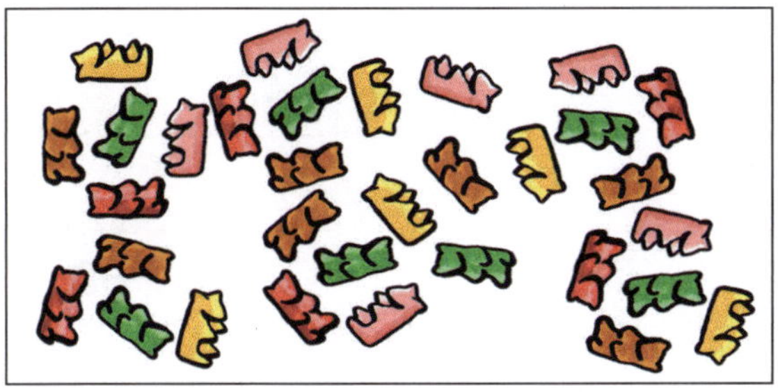

geschätzt: ☐ Gummibärchen

gezählt: ______

Z	E

Es sind ☐ Gummibärchen.

c) 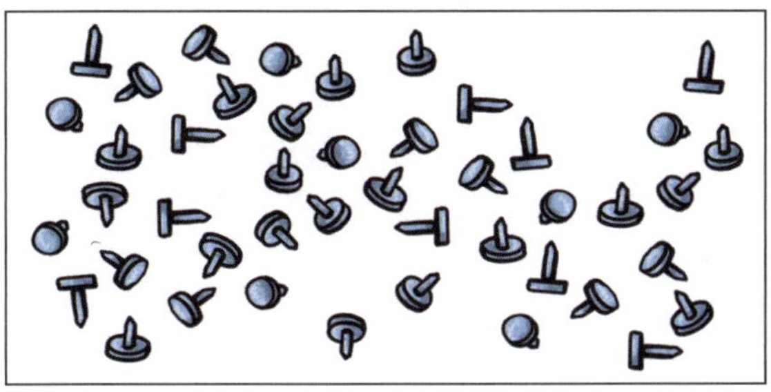

geschätzt: ☐ Nägel

gezählt: ______

Z	E

Es sind ☐ Nägel.

2 Zähle die Perlen geschickt. Fasse dabei immer 10 zusammen.

a) 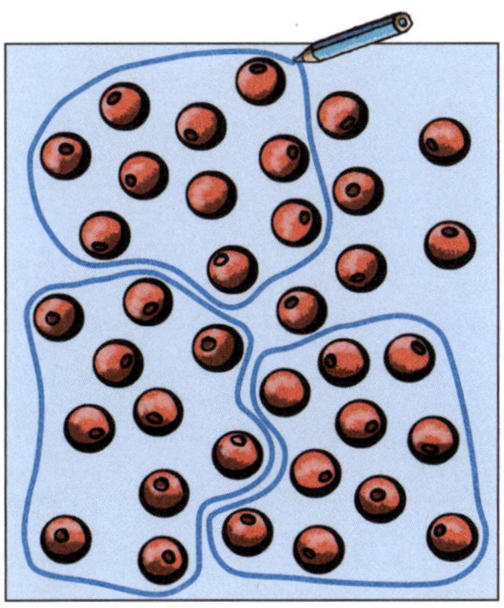

Z	E

☐ + ☐ = ☐

b) 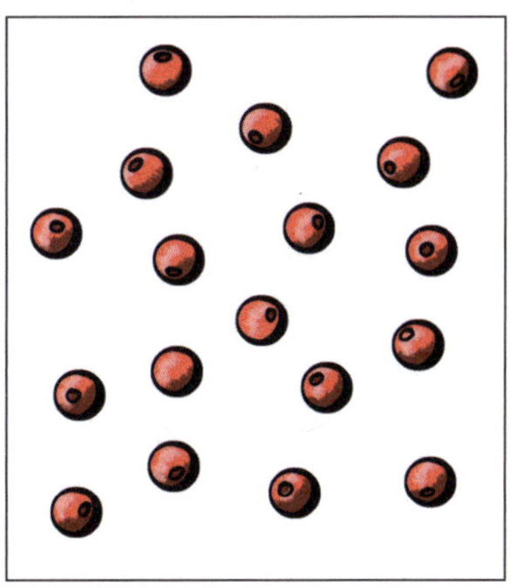

Z	E

☐ + ☐ = ☐

c) 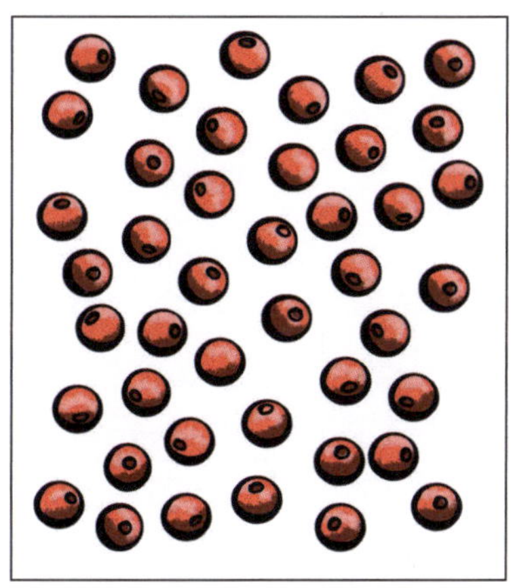

Z	E

☐ + ☐ = ☐

Fehlende Zahlen in der Hundertertafel ergänzen

1 Trage die fehlenden Zahlen ein.

a)

1	2	3	4	5	6		8	9	10
	12		14	15		17	18		20
	22			25		27		29	
31		33		35	36			39	40
41	42			45		47			50
		53			56		58		60
61			64			67		69	
	72			75			78		
81			84		86		88		90
	92			95			98		

b)

		6	
14			
	25		
			37
	45		
		56	
64			
		86	
		96	

c)

		9
27	28	

d)

	66	
75		

e)

36	37		
46			

f)

			67
84			

g)

13			
			36

h)

		56	
	75		

i)

		78		

k)

11								
				25				
								39

19

Zahlen und Wege in der Hundertertafel finden

1 Trage folgende Zahlen ein und male sie aus:
~~5~~, 72, 68, 56, 65, 16, 42, 54, 64, 62, 14, 7, 17, 23, 52, 27, 32, 55, 66, 82, 83, 84, 85, 78, 58, 86, 87, 38, 48, 88

1	2			5					
		13							
									30
41									
								59	
						67			
71									
									90

Es entsteht ein

______________________.

2 Finde die Wege in der Hundertertafel.
Trage die Zahl ein, bei der du ankommst.
Stelle dir die Wege auch im Kopf vor.

a) 27 → → ↓ ↓ ↓ → [60]

b) 84 ↑ ↑ ↑ ↑ → → [ ]

c) 65 → → ↑ ↑ ↑ ↑ ↑ → [ ]

d) 78 ↑ ↑ ↑ ← ← ← [ ]

e) 98 ↑ ↑ → → ↑ ↑ [ ]

f) [ ] ______________ [ ]

g) 11 ↓ ↓ → → ↑ ↑ ← ← [ ]

h) [ ] ______________ [ ]

Zahlen am Zahlenstrahl eintragen

1 Trage die Zahlen mit einem Pfeil am Zahlenstrahl ein.

a) ~~36~~, 45, 54, 87, 63, 78, 22

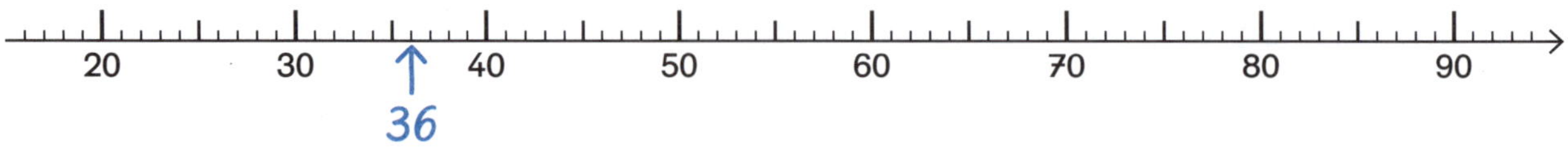

b) 82, 94, 43, 57, 75, 36, 64

2 Setze die richtigen Zahlen ein.

a)

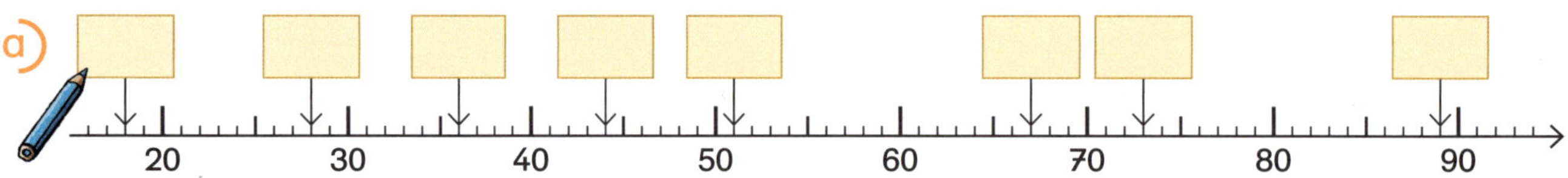

b)

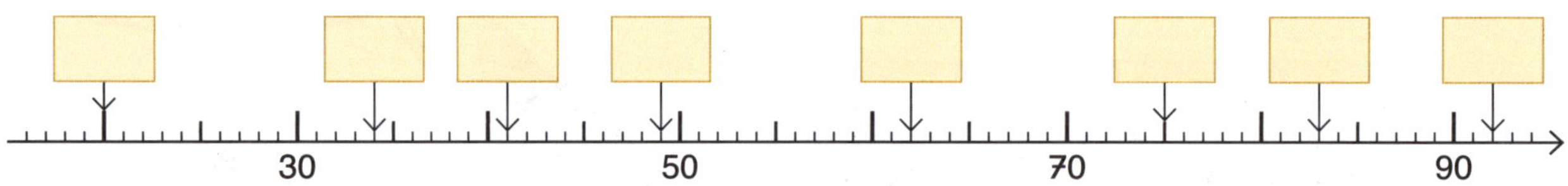

3 Trage ein, wo diese Zahlen ungefähr stehen.
Erkläre einem anderen Kind, wie du die Zahlen gefunden hast.

a) ~~38~~, 71, 92, 29, 47, 55, 83

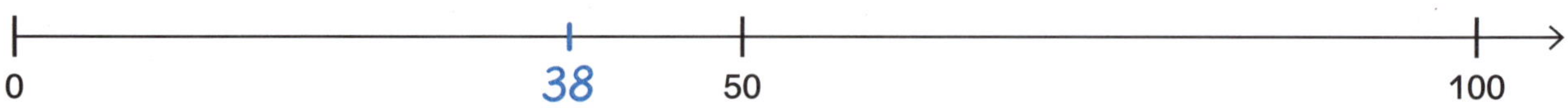

b) 66, 27, 74, 18, 39, 52, 86

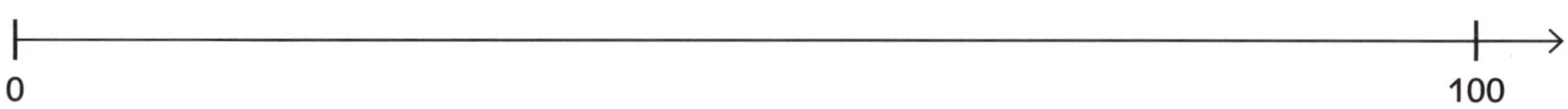

Zahlenfolgen ergänzen / Zahlen vergleichen und ordnen

1 Trage die fehlenden Zahlen ein.

a)	26	27			30				34	
b)	49				53					58
c)				65						71
d)	88						94			
e)	35					40				
f)		80						86		

2 Setze die Zeichen < oder > passend ein.

a)	b)	c)	d)
43 < 54	47 ◯ 36	76 ◯ 78	92 ◯ 90
57 ◯ 48	83 ◯ 91	21 ◯ 19	28 ◯ 42
25 ◯ 52	38 ◯ 39	54 ◯ 45	63 ◯ 37

3 Ordne die Zahlen. Die Buchstaben ergeben ein Lösungswort.

Beginne mit der kleinsten Zahl.

a)

56	45	74	49	58	75	64
R	G	F	I	A	E	F

45						
G						

b)

15	22	20	18	24	25	17
E	A	F	E	N	T	L

Beginne mit der größten Zahl.

c)

86	60	94	48	88	68	58
S	O	N	N	A	H	R

94						
N						

d)

67	77	75	65	73	64	63
G	K	Ä	U	N	R	U

Einem Bild Informationen entnehmen

1 Kreuze gemeinsam mit einem Partnerkind an.

Aussage	stimmt	stimmt nicht	kann ich nicht wissen
Vor dem Eisstand stehen 3 Kinder.	X		
Lisa isst am liebsten Erdbeereis.			
Tim muss 1 € bezahlen.			
Am Samstag öffnet das Freibad um 8 Uhr.			
Lisa bleibt 4 Stunden im Freibad.			
Im Nichtschwimmerbecken sind 5 Kinder.			
Im Nichtschwimmerbecken sind nur Nichtschwimmer.			
Am Beckenrand sitzen 2 Kinder.			
Der Bademeister trägt eine rote Hose.			
Tim feiert seinen Geburtstag.			

Einem Text Informationen entnehmen

Tim stellt seine Klasse vor. Er berichtet.

Meine Klasse

Ich gehe in die Klasse 2a. Wir sind 13 Mädchen und 14 Jungen. Zusammen sind wir 27 Kinder. Unsere Lehrerin heißt Frau Müller. Jeden Vormittag haben wir 2 Pausen. In der 1. Pause essen wir. In der 2. Pause spielen wir auf dem Schulhof. Die Schulhofpause dauert 20 Minuten. Das Lieblingsfach der meisten Kinder ist Sport. Mir gefallen die Kopfrechenspiele in Mathematik. Im Klassenzimmer sitzen immer 4 Kinder an einem Gruppentisch. Mein Tischnachbar heißt Paul. Gegenüber von uns sitzen 2 Mädchen. Die beiden holen für die Lehrerin jede Woche 10 Bücher aus der Bücherei.

1 Ergänze die Aussagen. Unterstreiche im Text die Sätze, in denen du die Informationen findest. Verwende ein Lineal.

a) In Tims Klasse sind 27 Kinder.

b) Immer ☐ Kinder sitzen an einem Gruppentisch zusammen.

c) In der ☐ Pause spielen die Kinder auf dem Schulhof.

d) In der Klasse 2a sind ☐ Jungen.

e) Zwei Mädchen holen jede Woche ☐ Bücher aus der Bücherei.

f) Die Schulhofpause dauert ☐ Minuten.

g) Gegenüber von Tim sitzen ☐ Mädchen.

h) Jeden Vormittag haben die Kinder ☐ Pausen.

i) Tims Tischnachbar heißt ____________________.

Muster fortsetzen

40

1 Setze die Muster fort.

a) Flächenmuster

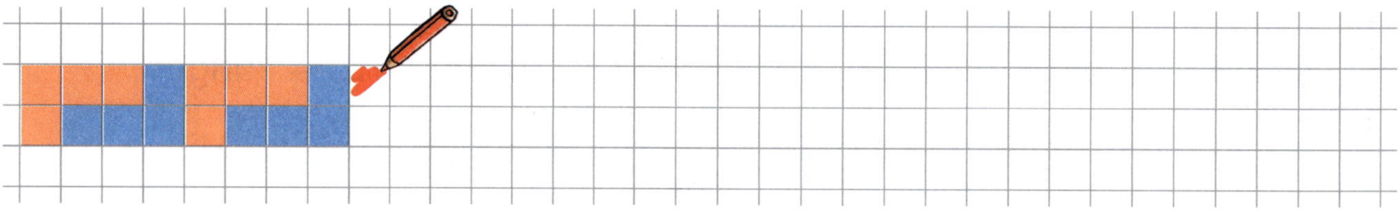

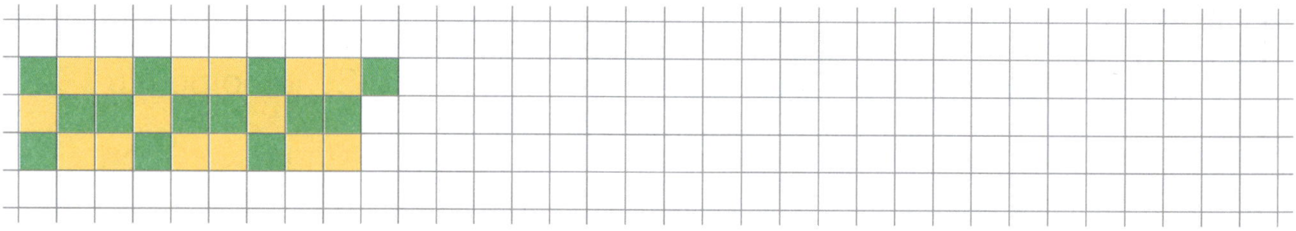

b) Strichmuster

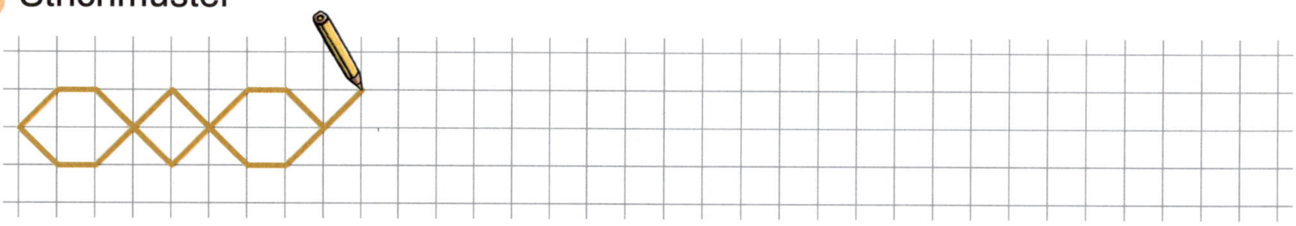

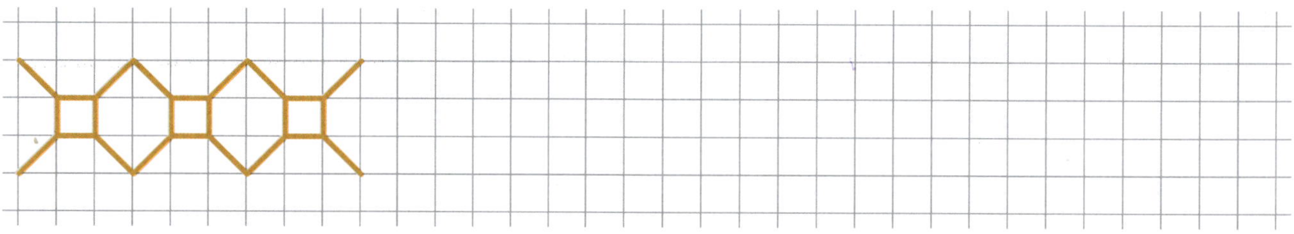

2 Zeichne eigene Muster.

a) Flächenmuster

b) Strichmuster

Achsensymmetrische Figuren ergänzen

1 Ergänze das Spiegelbild.

a)

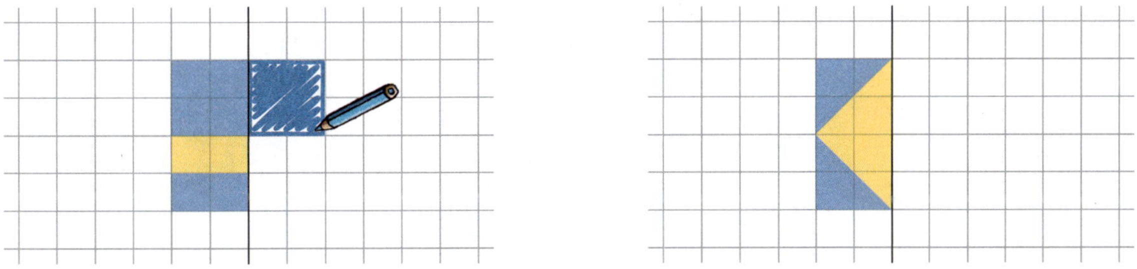

b)

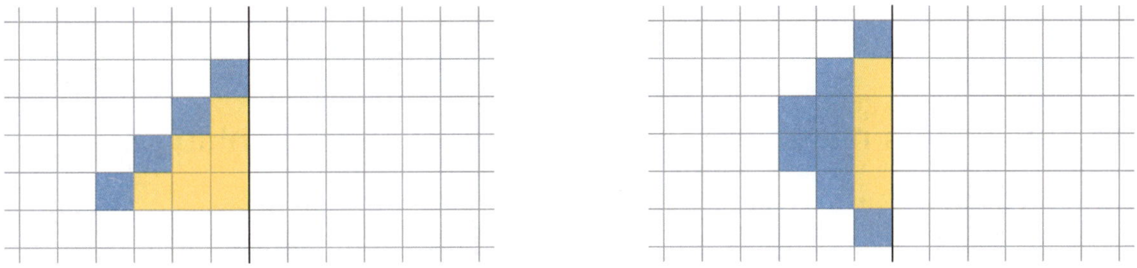

c)

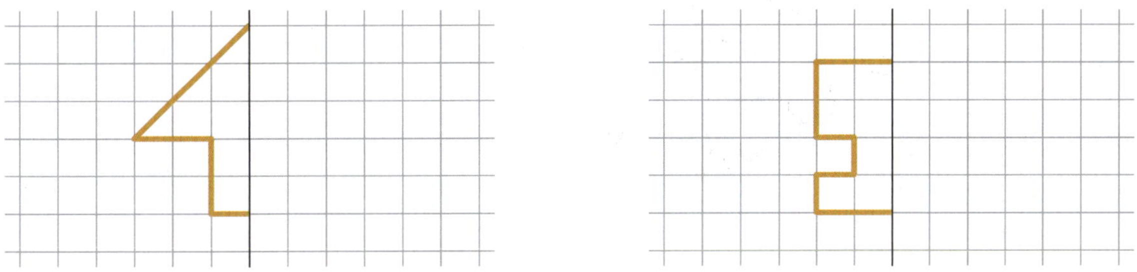

d)

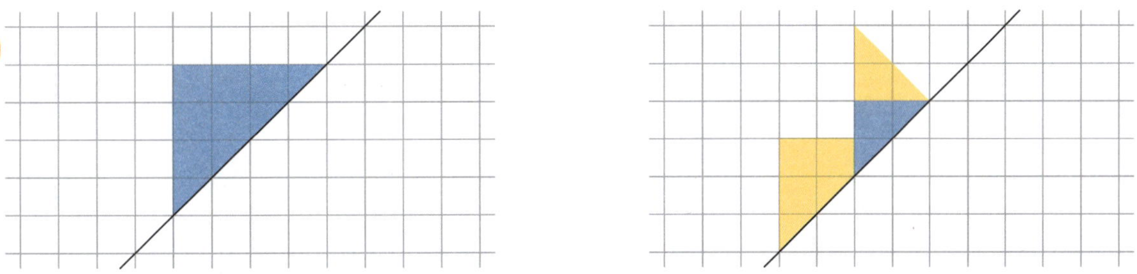

e)

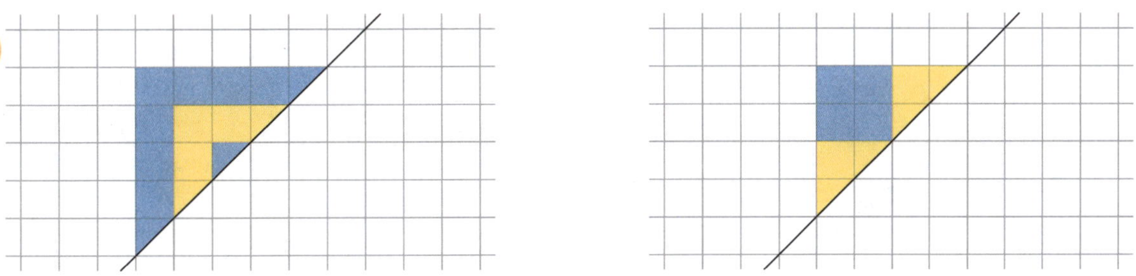

f)

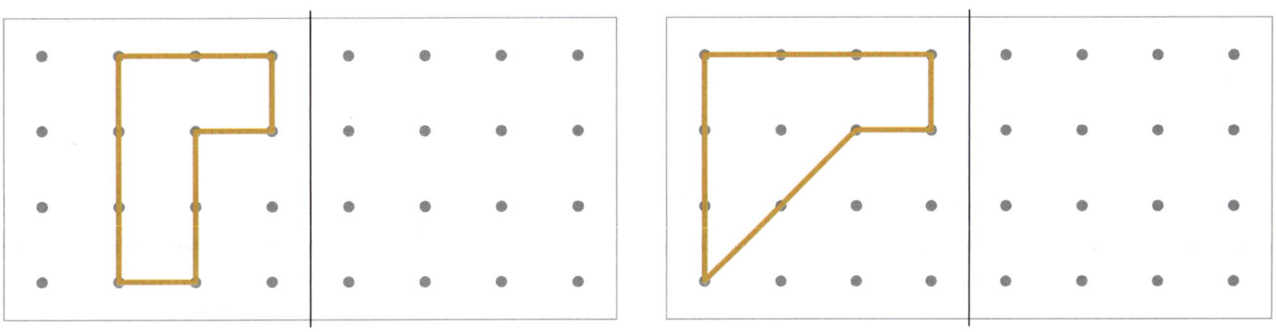

Verwandte Plusaufgaben üben

1 Löse verwandte Aufgabenpaare.

a) 3 + 4 = 7
43 + 4 = 47

b) 7 + 3 = ___
87 + 3 = ___

c) 2 + 4 = ___
62 + 4 = ___

d) 4 + 5 = ___
74 + 5 = ___

e) 6 + 3 = ___
56 + 3 = ___

f) 6 + 2 = ___
76 + 2 = ___

g) ___ + ___ = ___
___ + ___ = ___

h) ___ + ___ = ___
___ + ___ = ___

2 Erstelle gemeinsam mit einem Partnerkind verwandte Zahlenhäuser.

a)

6	
1	5
2	4

36	
31	5
32	4

b)

8	

58	

c)

7	

87	

d)

9	

79	

3 Setze die Aufgabenreihen fort.

4 + 3

a) 5 + 4 = ___
15 + 4 = ___
25 + 4 = ___
___ + ___ = ___
___ + ___ = ___
___ + ___ = ___
___ + ___ = ___

b) 2 + 6 = ___
12 + 6 = ___
22 + 6 = ___
___ + ___ = ___
___ + ___ = ___
___ + ___ = ___
___ + ___ = ___

c) 94 + 3 = ___
84 + 3 = ___
74 + 3 = ___
___ + ___ = ___
___ + ___ = ___
___ + ___ = ___
___ + ___ = ___

Plusaufgaben üben

1 Berechne die Aufgaben. Male die Felder mit den Ergebniszahlen aus.

1	2	3	4	5	6	7	8	9	10
11	12	13	14	15	16	17	18	19	20
21	22	23	24	25	26	27	28	29	30
31	32	33	34	35	36	37	38	39	40
41	42	43	44	45	46	47	48	49	50
51	52	53	54	55	56	57	58	59	60
61	62	63	64	65	66	67	68	69	70
71	72	73	74	75	76	77	78	79	80
81	82	83	84	85	86	87	88	89	90
91	92	93	94	95	96	97	98	99	100

a)
3 + 3 = 6
22 + 4 =
51 + 5 =
84 + 3 =
76 + 2 =

b)
50 + 3 =
50 + 1 =
11 + 5 =
82 + 3 =
55 + 4 =

c)
34 + 2 =
71 + 2 =
12 + 5 =
50 + 5 =
53 + 4 =

d)
60 + 2 =
57 + 3 =
36 + 2 =
11 + 3 =
52 + 2 =

e)
41 + 5 =
54 + 4 =
32 + 7 =
22 + 6 =
67 + 2 =

f)
81 + 5 =
51 + 1 =
23 + 4 =
33 + 4 =
2 + 5 =

g)
11 + 4 =
22 + 2 =
31 + 3 =
20 + 5 =
33 + 2 =

h)
2 + 3 =
32 + 1 =
81 + 3 =
21 + 2 =
30 + 2 =

Verwandte Minusaufgaben üben

1 Löse verwandte Aufgabenpaare.

a) 7 − 5 = 2
37 − 5 = 32

b) 9 − 7 = ___
79 − 7 = ___

c) 8 − 3 = ___
98 − 3 = ___

d) 6 − 5 = ___
86 − 5 = ___

e) 8 − 5 = ___
48 − 5 = ___

f) 9 − 4 = ___
59 − 4 = ___

g) ___ − ___ = ___
___ − ___ = ___

h) ___ − ___ = ___
___ − ___ = ___

2 Setze die Aufgabenreihen fort.

8 - 5

a) 5 − 4 = ___
15 − 4 = ___
25 − 4 = ___
___ − ___ = ___
___ − ___ = ___
___ − ___ = ___
___ − ___ = ___

b) 6 − 2 = ___
16 − 2 = ___
26 − 2 = ___
___ − ___ = ___
___ − ___ = ___
___ − ___ = ___
___ − ___ = ___

c) 98 − 5 = ___
88 − 5 = ___
78 − 5 = ___
___ − ___ = ___
___ − ___ = ___
___ − ___ = ___
___ − ___ = ___

3 Male die Kärtchen mit verwandten Aufgaben in der gleichen Farbe aus. Löse die Aufgaben.

27 − 4 = 23	88 − 7 = ___	86 − 3 = ___	39 − 2 = ___
98 − 4 = ___	79 − 2 = ___	57 − 5 = ___	67 − 4 = 63
27 − 6 = ___	15 − 3 = ___	38 − 4 = ___	16 − 3 = ___
17 − 5 = ___	28 − 7 = ___	67 − 6 = ___	75 − 3 = ___

Minusaufgaben üben

1 Berechne die Aufgaben.
Male die Felder mit den Ergebniszahlen aus.

1	2	3	4	5	6	7	8	9	10
11	12	13	14	15	16	17	18	19	20
21	22	23	24	25	26	27	28	29	30
31	32	33	34	35	36	37	38	39	40
41	42	43	44	45	46	47	48	49	50
51	52	53	54	55	56	57	58	59	60
61	62	63	64	65	66	67	68	69	70
71	72	73	74	75	76	77	78	79	80
81	82	83	84	85	86	87	88	89	90
91	92	93	94	95	96	97	98	99	100

a)	b)	c)	d)
29 – 8 = 21	77 – 4 = ☐	59 – 4 = ☐	48 – 5 = ☐
49 – 4 = ☐	29 – 6 = ☐	49 – 2 = ☐	58 – 0 = ☐
57 – 3 = ☐	58 – 2 = ☐	18 – 5 = ☐	40 – 1 = ☐
38 – 5 = ☐	49 – 1 = ☐	29 – 7 = ☐	49 – 3 = ☐
59 – 2 = ☐	56 – 3 = ☐	48 – 4 = ☐	70 – 2 = ☐
79 – 1 = ☐	68 – 5 = ☐	50 – 1 = ☐	18 – 6 = ☐

2 Finde zu jeder Ergebniszahl unterschiedliche Minusaufgaben.
Besprich deine Ergebnisse und deine Vorgehensweise mit anderen Kindern.

a)	b)	c)
69 – 7 = 62	☐ – ☐ = 81	☐ – ☐ = 54
☐ – ☐ = 62	☐ – ☐ = 81	☐ – ☐ = 54
☐ – ☐ = 62	☐ – ☐ = 81	☐ – ☐ = 54
☐ – ☐ = 62	☐ – ☐ = 81	☐ – ☐ = 54

Plusaufgaben üben

32

1 Ergänze.

a)

+ 6 →	
6	12
36	42
8	
48	
9	
79	
7	
67	

b)

+ 7 →	
7	
57	
5	
65	
8	
78	
6	
46	

c)

+ 8 →	
5	
35	
9	
69	
6	
86	
4	
54	

d)

+ 9 →	
4	
34	
7	
57	
3	
43	
5	
85	

2 Rechne und kontrolliere mit der Umkehraufgabe.

a) 25 + 7 = 32, denn 32 − 7 = 25
58 + 6 = ☐, denn ______
37 + 8 = ☐, denn ______
76 + 5 = ☐, denn ______
49 + 4 = ☐, denn ______
68 + 9 = ☐, denn ______

b) 57 + 9 = ☐, denn ______
83 + 8 = ☐, denn ______
29 + 3 = ☐, denn ______
☐ + ☐ = ☐, denn ______
☐ + ☐ = ☐, denn ______
☐ + ☐ = ☐, denn ______

3 Rechne und bilde selbst solche Aufgabenpaare.

a) 45 + 8 = 53
48 + 5 = 53

b) 56 + 7 = ☐
57 + 6 = ☐

c) 78 + 4 = ☐
☐ + ☐ = ☐

d) 89 + 5 = ☐
☐ + ☐ = ☐

e) ☐ + ☐ = ☐
☐ + ☐ = ☐

f) ☐ + ☐ = ☐
☐ + ☐ = ☐

g) Erkläre einem anderen Kind das Besondere dieser Aufgabenpaare.

Minusaufgaben üben

1 Fülle die Rechentabellen aus.

a)

–	3	5	7	8	9
11	8				
31	28				
13					
43					
15					
75					

b)

–	6	2	4	7	9
12					
52					
14					
84					
16					
46					

2 Rechne und kontrolliere mit der Umkehraufgabe.

a) 62 – 5 = 57
91 – 9 = ___
43 – 7 = ___
71 – 2 = ___

b) 37 – 8 = ___
61 – 7 = ___
92 – 8 = ___
53 – 9 = ___

c) 32 – 6 = ___
51 – 8 = ___
94 – 9 = ___
63 – 5 = ___

d) 91 – 6 = ___
48 – 9 = ___
71 – 4 = ___
53 – 6 = ___

~~57 + 5 = 62~~ | 29 + 8 = 37 | 58 + 5 = 63 | 39 + 9 = 48
26 + 6 = 32 | 82 + 9 = 91 | 43 + 8 = 51 | 44 + 9 = 53
36 + 7 = 43 | 85 + 6 = 91 | 69 + 2 = 71 | 47 + 6 = 53
67 + 4 = 71 | 54 + 7 = 61 | 85 + 9 = 94 | 84 + 8 = 92

3 Kontrolliere die Aufgaben. Rechne dazu auch die Umkehraufgaben.
Tipp: 6 Aufgaben sind falsch.

a) 55 – 6 = 49 ✓
83 – 8 = ~~74~~ 75
31 – 7 = 24 ___
96 – 9 = 85 ___

b) 42 – 4 = 38 ___
85 – 7 = 78 ___
54 – 9 = 45 ___
76 – 8 = 69 ___

c) 42 – 8 = 34 ___
54 – 7 = 47 ___
37 – 8 = 28 ___
43 – 5 = 38 ___

d) 34 – 6 = 28 ___
41 – 4 = 46 ___
57 – 9 = 48 ___
76 – 8 = 84 ___

Fragen zuordnen

Tim hat 19 Fußballbilder.
Tom hat nur 9 Fußballbilder.

Lea hat 20 Tierpostkarten.
Sie hat 10 weniger als Lisa.

Paul hat 8 Murmeln mehr als Anne.
Anne hat 21 Murmeln.

1 Ordne die Fragen den Rechengeschichten passend zu.
Male sie passend aus. Trage die Ergebniszahlen ein.

a)

Wie viele Fußballbilder hat Tim?	19
Wie viele Tierpostkarten hat Lea?	
Wie viele Murmeln hat Anne?	
Wie viele Fußballbilder hat Tom?	
Wie viele Murmeln hat Paul mehr als Anne?	
Wie viele Tierpostkarten hat Lea weniger als Lisa?	

b)

Wie viele Tierpostkarten hat Lisa mehr als Lea?	
Wie viele Fußballbilder haben Tim und Tom zusammen?	
Wie viele Murmeln hat Paul?	
Wie viele Fußballbilder hat Tim mehr als Tom?	
Wie viele Tierpostkarten hat Lisa?	
Wie viele Tierpostkarten haben Lisa und Lea zusammen?	
Wie viele Fußballbilder hat Tom weniger als Tim?	
Wie viele Murmeln hat Anne weniger als Paul?	

c)

Wie viele Fußballbilder muss Tim Tom schenken, damit sie gleich viele haben?	
Wie viele Murmeln muss Paul Anne schenken, damit sie gleich viele haben?	
Wie viele Tierpostkarten muss Lisa Lea schenken, damit sie gleich viele haben?	

Fragen und Antworten zuordnen

1 Kreuze die zur Rechnung passende Frage und die passende Antwort an.

a) In der Klasse 2a sind 24 Kinder.
In der Klasse 2b sind 4 Kinder mehr.

R: 24 + 4 = 28

F1 ○ Wie viele Kinder sind in beiden Klassen zusammen?

F2 ☒ Wie viele Kinder sind in der Klasse 2b?

A1 ○ In der Klasse 2b sind 28 Kinder.

A2 ○ In der Klasse 2a sind 24 Kinder.

b) Von den 24 Kindern der Klasse 2a sind in der Pause 9 Kinder auf dem Klettergerüst, 5 Kinder turnen am Reck und die anderen spielen Ball.

R: 24 – 9 – 5 = 10

F1 ○ Wie viele Kinder spielen Ball?

F2 ○ Wie viele Kinder turnen am Reck?

A1 ○ 5 Kinder turnen am Reck.

A2 ○ 10 Kinder spielen Ball.

c) Von den 24 Kindern der Klasse 2a können 9 Kinder schon schwimmen. Die anderen Kinder können noch nicht schwimmen.

R: 24 – 9 = 15

F1 ○ Wie viele Kinder gehen zum Schwimmen?

F2 ○ Wie viele Kinder können noch nicht schwimmen?

A1 ○ 15 Kinder können noch nicht schwimmen.

A2 ○ 24 Kinder gehen zum Schwimmen.

Zeitspannen zuordnen

1 Wie viel Zeit ist vergangen? Ordne die Zeitangaben den Bildern zu.
Besprich deine Ergebnisse und Überlegungen mit einem anderen Kind.

genau eine Woche · einige Stunden · einige Minuten · einige Tage · ein Tag · genau ein Jahr · mehrere Jahre · mehrere Monate · ~~einige Sekunden~~

einige Sekunden

Mit dem Kalender rechnen

1 Lenas kleiner Bruder ist
1 Jahr und 5 Monate alt.
Tims Bruder ist 16 Monate alt.

F: Wer ist älter?

A: ______________ Bruder ist älter.

2 Lisa erzählt: „Ich bin 3 Wochen und 3 Tage im Urlaub.
Die Hälfte von diesem Urlaub ist meine Freundin Maja dabei.“

F: Wie viele Tage sind Lisa und Maja im Urlaub?

A: Lisa ist ☐ Tage im Urlaub.

Maja ist ☐ Tage dabei.

3 Lena wurde am 22. April krank.
Am 27. April war sie wieder gesund.

F: Wie lange war Lena krank?

A: Lena war ☐ Tage krank.

4 Heute ist Montag. Patrick hat in vier Tagen Geburtstag. Seit einer Woche hat Julia einen Hamster. Vor drei Tagen hat sich Lea verletzt.

a) Setze die richtigen Wochentage ein.

Patrick hat am ______________ Geburtstag.

Julia hat am ______________ den Hamster bekommen.

Lea hat sich am ______________ verletzt.

b) Schreibe die Sätze aus a) zum heutigen Tag auf.
Finde die richtigen Wochentage.

Heute ist ______________

Patrick hat am ______________

____

____

____

Plus- und Minusaufgaben ablesen und einzeichnen

1 Lies die Plus- und Minusaufgaben ab.

a)

1	2	3	4	5	6	7	8	9	10
11	12	13	14	15	16	17	18	19	20
21	22	23	24	25	26	27	28	29	30
31	32	33	34	35	36	37	38	39	40
41	42	43	44	45	46	47	48	49	50
51	52	53	54	55	56	57	58	59	60
61	62	63	64	65	66	67	68	69	70
71	72	73	74	75	76	77	78	79	80
81	82	83	84	85	86	87	88	89	90
91	92	93	94	95	96	97	98	99	100

41 + 30 = 71

___ + ___ = ___

___ + ___ = ___

___ + ___ = ___

___ + ___ = ___

b)

1	2	3	4	5	6	7	8	9	10
11	12	13	14	15	16	17	18	19	20
21	22	23	24	25	26	27	28	29	30
31	32	33	34	35	36	37	38	39	40
41	42	43	44	45	46	47	48	49	50
51	52	53	54	55	56	57	58	59	60
61	62	63	64	65	66	67	68	69	70
71	72	73	74	75	76	77	78	79	80
81	82	83	84	85	86	87	88	89	90
91	92	93	94	95	96	97	98	99	100

___ − ___ = ___

___ − ___ = ___

___ − ___ = ___

___ − ___ = ___

___ − ___ = ___

2 Zeichne die Plus- und Minusaufgaben ein und löse sie.

a)

1	2	3	4	5	6	7	8	9	10
11	12	13	14	15	16	17	18	19	20
21	22	23	24	25	26	27	28	29	30
31	32	33	34	35	36	37	38	39	40
41	42	43	44	45	46	47	48	49	50
51	52	53	54	55	56	57	58	59	60
61	62	63	64	65	66	67	68	69	70
71	72	73	74	75	76	77	78	79	80
81	82	83	84	85	86	87	88	89	90
91	92	93	94	95	96	97	98	99	100

23 + 30 = 53

16 + 60 = ___

51 + 30 = ___

29 + 40 = ___

57 + 30 = ___

b)

1	2	3	4	5	6	7	8	9	10
11	12	13	14	15	16	17	18	19	20
21	22	23	24	25	26	27	28	29	30
31	32	33	34	35	36	37	38	39	40
41	42	43	44	45	46	47	48	49	50
51	52	53	54	55	56	57	58	59	60
61	62	63	64	65	66	67	68	69	70
71	72	73	74	75	76	77	78	79	80
81	82	83	84	85	86	87	88	89	90
91	92	93	94	95	96	97	98	99	100

51 − 20 = ___

64 − 60 = ___

77 − 50 = ___

99 − 40 = ___

85 − 30 = ___

Plusaufgaben in der Hundertertafel in Schritten lösen

1 Lies die beiden Rechenschritte ab und schreibe sie auf.

31 + 26 = 57

a)

1	2	3	4	5	6	7	8	9	10
11	12	13	14	15	16	17	18	19	20
21	22	23	24	25	26	27	28	29	30
31	32	33	34	35	36	37	38	39	40
41	42	43	44	45	46	47	48	49	50
51	52	53	54	55	56	57	58	59	60
61	62	63	64	65	66	67	68	69	70
71	72	73	74	75	76	77	78	79	80
81	82	83	84	85	86	87	88	89	90
91	92	93	94	95	96	97	98	99	100

31 + 20 = 51
51 + 6 = ___

1	2	3	4	5	6	7	8	9	10
11	12	13	14	15	16	17	18	19	20
21	22	23	24	25	26	27	28	29	30
31	32	33	34	35	36	37	38	39	40
41	42	43	44	45	46	47	48	49	50
51	52	53	54	55	56	57	58	59	60
61	62	63	64	65	66	67	68	69	70
71	72	73	74	75	76	77	78	79	80
81	82	83	84	85	86	87	88	89	90
91	92	93	94	95	96	97	98	99	100

31 + ___ = ___
___ + ___ = ___

42 + 35 = 77

b)

1	2	3	4	5	6	7	8	9	10
11	12	13	14	15	16	17	18	19	20
21	22	23	24	25	26	27	28	29	30
31	32	33	34	35	36	37	38	39	40
41	42	43	44	45	46	47	48	49	50
51	52	53	54	55	56	57	58	59	60
61	62	63	64	65	66	67	68	69	70
71	72	73	74	75	76	77	78	79	80
81	82	83	84	85	86	87	88	89	90
91	92	93	94	95	96	97	98	99	100

42 + ___ = ___
___ + ___ = ___

1	2	3	4	5	6	7	8	9	10
11	12	13	14	15	16	17	18	19	20
21	22	23	24	25	26	27	28	29	30
31	32	33	34	35	36	37	38	39	40
41	42	43	44	45	46	47	48	49	50
51	52	53	54	55	56	57	58	59	60
61	62	63	64	65	66	67	68	69	70
71	72	73	74	75	76	77	78	79	80
81	82	83	84	85	86	87	88	89	90
91	92	93	94	95	96	97	98	99	100

42 + ___ = ___
___ + ___ = ___

2 Zeichne die beiden Rechenschritte ein.

26 + 42 = 68

26 + 40 = 66
66 + 2 = 68

1	2	3	4	5	6	7	8	9	10
11	12	13	14	15	16	17	18	19	20
21	22	23	24	25	26	27	28	29	30
31	32	33	34	35	36	37	38	39	40
41	42	43	44	45	46	47	48	49	50
51	52	53	54	55	56	57	58	59	60
61	62	63	64	65	66	67	68	69	70
71	72	73	74	75	76	77	78	79	80
81	82	83	84	85	86	87	88	89	90
91	92	93	94	95	96	97	98	99	100

26 + 2 = 28
28 + 40 = 68

1	2	3	4	5	6	7	8	9	10
11	12	13	14	15	16	17	18	19	20
21	22	23	24	25	26	27	28	29	30
31	32	33	34	35	36	37	38	39	40
41	42	43	44	45	46	47	48	49	50
51	52	53	54	55	56	57	58	59	60
61	62	63	64	65	66	67	68	69	70
71	72	73	74	75	76	77	78	79	80
81	82	83	84	85	86	87	88	89	90
91	92	93	94	95	96	97	98	99	100

Plusaufgaben am Rechenstrich in Schritten lösen

1 Rechne mit deinem Rechenweg.
Zeichne deine beiden Rechenschritte ein.

a) +45
34

b) +26
52

c) +51
26

d) +38
61

2 Rechne mit deinem Rechenweg. Schreibe deine Rechenschritte auf.
Du kannst auch am Rechenstrich zeichnen.

a) 25 + 43 = ☐
☐ + ☐ = ☐
☐ + ☐ = ☐

25

b) 52 + 36 = ☐
☐ + ☐ = ☐
☐ + ☐ = ☐

52

c) 43 + 34 = ☐
☐ + ☐ = ☐
☐ + ☐ = ☐

43

d) Besprich deine gewählten Rechenschritte mit einem anderen Kind.

3 Rechne im Kopf. Trage nur die Ergebnisse ein.

a)	b)	c)	d)
61 + 28 = ☐	42 + 23 = ☐	56 + 33 = ☐	71 + 23 = ☐
34 + 35 = ☐	71 + 17 = ☐	34 + 22 = ☐	41 + 58 = ☐

Plusaufgaben üben

1 Male die Zahlenschlangen an, deren Zahlen zusammen genau 100 ergeben.

- 35 | 25 | 25 | 15
- 25 | 42 | 11 | 20
- 13 | 44 | 20 | 22
- 12 | 21 | 41 | 26
- 24 | 25 | 10 | 30
- 23 | 14 | 31 | 32
- 32 | 41 | 22 | 4
- 34 | 33 | 23 | 10
- 54 | 10 | 14 | 22
- 20 | 35 | 12 | 14

2 Ergänze die Zahlenschlangen so, dass es 100er-Schlangen werden.

- 25 | 13 | 50 | 12
- 42 | 24 | 31 | ___
- 32 | ___ | ___ | 23
- ___ | 46 | 12 | ___
- ___ | 34 | ___ | ___
- ___ | ___ | ___ | 25

3 Gestalte selbst 100er-Schlangen.

- ___ | ___ | ___ | ___
- ___ | ___ | ___ | ___
- ___ | ___ | ___ | ___
- ___ | ___ | ___ | ___
- ___ | ___ | ___ | ___
- ___ | ___ | ___ | ___

Minusaufgaben in der Hundertertafel in Schritten lösen

23

1 Lies die beiden Rechenschritte ab und schreibe sie auf.

a)

1	2	3	4	5	6	7	8	9	10
11	12	13	14	15	16	17	18	19	20
21	22	23	24	25	26	27	28	29	30
31	32	33	34	35	36	37	38	39	40
41	42	43	44	45	46	47	48	49	50
51	52	53	54	55	56	57	58	59	60
61	62	63	64	65	66	67	68	69	70
71	72	73	74	75	76	77	78	79	80
81	82	83	84	85	86	87	88	89	90
91	92	93	94	95	96	97	98	99	100

65 – 20 = 45

45 – 2 = ___

65 – 22 = 43

1	2	3	4	5	6	7	8	9	10
11	12	13	14	15	16	17	18	19	20
21	22	23	24	25	26	27	28	29	30
31	32	33	34	35	36	37	38	39	40
41	42	43	44	45	46	47	48	49	50
51	52	53	54	55	56	57	58	59	60
61	62	63	64	65	66	67	68	69	70
71	72	73	74	75	76	77	78	79	80
81	82	83	84	85	86	87	88	89	90
91	92	93	94	95	96	97	98	99	100

65 – ___ = ___

___ – ___ = ___

b)

1	2	3	4	5	6	7	8	9	10
11	12	13	14	15	16	17	18	19	20
21	22	23	24	25	26	27	28	29	30
31	32	33	34	35	36	37	38	39	40
41	42	43	44	45	46	47	48	49	50
51	52	53	54	55	56	57	58	59	60
61	62	63	64	65	66	67	68	69	70
71	72	73	74	75	76	77	78	79	80
81	82	83	84	85	86	87	88	89	90
91	92	93	94	95	96	97	98	99	100

94 – ___ = ___

___ – ___ = ___

94 – 31 = 63

1	2	3	4	5	6	7	8	9	10
11	12	13	14	15	16	17	18	19	20
21	22	23	24	25	26	27	28	29	30
31	32	33	34	35	36	37	38	39	40
41	42	43	44	45	46	47	48	49	50
51	52	53	54	55	56	57	58	59	60
61	62	63	64	65	66	67	68	69	70
71	72	73	74	75	76	77	78	79	80
81	82	83	84	85	86	87	88	89	90
91	92	93	94	95	96	97	98	99	100

94 – ___ = ___

___ – ___ = ___

2 Zeichne die beiden Rechenschritte ein.

87 – 30 = 57
57 – 5 = 52

1	2	3	4	5	6	7	8	9	10
11	12	13	14	15	16	17	18	19	20
21	22	23	24	25	26	27	28	29	30
31	32	33	34	35	36	37	38	39	40
41	42	43	44	45	46	47	48	49	50
51	52	53	54	55	56	57	58	59	60
61	62	63	64	65	66	67	68	69	70
71	72	73	74	75	76	77	78	79	80
81	82	83	84	85	86	87	88	89	90
91	92	93	94	95	96	97	98	99	100

87 – 35 = 52

87 – 5 = 82
82 – 30 = 52

1	2	3	4	5	6	7	8	9	10
11	12	13	14	15	16	17	18	19	20
21	22	23	24	25	26	27	28	29	30
31	32	33	34	35	36	37	38	39	40
41	42	43	44	45	46	47	48	49	50
51	52	53	54	55	56	57	58	59	60
61	62	63	64	65	66	67	68	69	70
71	72	73	74	75	76	77	78	79	80
81	82	83	84	85	86	87	88	89	90
91	92	93	94	95	96	97	98	99	100

Minusaufgaben am Rechenstrich in Schritten lösen

1 Rechne mit deinem Rechenweg.
Zeichne deine beiden Rechenschritte ein.

a) −32 — 65

b) −24 — 87

c) −56 — 98

d) −34 — 76

2 Rechne mit deinem Rechenweg. Schreibe deine Rechenschritte auf.
Du kannst auch am Rechenstrich zeichnen.

a) 95 − 31 = ___

___ − ___ = ___
___ − ___ = ___

95

b) 54 − 22 = ___

___ − ___ = ___
___ − ___ = ___

54

c) 56 − 34 = ___

___ − ___ = ___
___ − ___ = ___

56

d) Besprich deine gewählten Rechenschritte mit einem anderen Kind.

3 Rechne im Kopf. Trage nur die Ergebnisse ein.

a) 75 − 42 = ___
38 − 24 = ___

b) 48 − 23 = ___
69 − 17 = ___

c) 56 − 23 = ___
94 − 62 = ___

d) 75 − 33 = ___
49 − 18 = ___

Minusaufgaben üben

1 Verbinde Aufgaben mit dem gleichen Ergebnis.

a)

62 – 28	91 – 65
81 – 36	83 – 66
43 – 17	73 – 39
56 – 39	62 – 17

b)

93 – 57	___ – ___
72 – 24	___ – ___
81 – 22	___ – ___
64 – 37	___ – ___

2 Schreibe alle möglichen Minusaufgaben auf und löse sie.

45		18
34	–	21
23		17

45 – 18 = ___
___ – ___ = ___
___ – ___ = ___
___ – ___ = ___
___ – ___ = ___
___ – ___ = ___
___ – ___ = ___
___ – ___ = ___
___ – ___ = ___

3 Ergänze die Rechenmauern.

55
28 | 27
13 | ___ | ___
5 | ___ | ___ | ___

100
53 | ___
24 | ___ | ___
7 | ___ | ___ | ___

90
___ | 66
___ | ___ | 47
___ | ___ | ___ | 29

92
56 | ___
___ | 28 | ___
___ | ___ | 6 | ___

84
___ | 36
___ | 19 | ___
18 | ___ | ___ | ___

91
___ | 67
6 | ___ | ___
___ | ___ | ___ | 37

Plus- und Minusaufgaben üben, Ergebnisse kontrollieren

1 Fülle die Rechentabellen aus.

a)

+	43	37	19	52	25
35	78				
23					
16					
39					

b)

−	24	46	18	37	49
72					
65					
84					
51					

2 Löse die Aufgaben. Überprüfe die Ergebnisse genau.
Bilde dazu die Umkehraufgaben.

a) 35 + 17 = 52, denn 52 − 17 = 35
28 + 34 = ___, denn ___
53 + 18 = ___, denn ___
68 + 25 = ___, denn ___
49 + 16 = ___, denn ___
72 + 19 = ___, denn ___

b) 72 − 34 = ___, denn ___
51 − 17 = ___, denn ___
83 − 25 = ___, denn ___
94 − 28 = ___, denn ___
65 − 27 = ___, denn ___
46 − 38 = ___, denn ___

3 Rechne und bilde selbst solche Aufgabenpaare.

a) 45 + 38 = 83
48 + 35 = 83

b) 26 + 47 = ___
27 + 46 = ___

c) 78 + 14 = ___
74 + 18 = ___

d) 35 + 28 = ___
38 + 25 = ___

e) 52 + 39 = ___
___ + ___ = ___

f) 16 + 67 = ___
___ + ___ = ___

g) ___ + ___ = ___
___ + ___ = ___

h) ___ + ___ = ___
___ + ___ = ___

i) Erkläre einem anderen Kind das Besondere dieser Aufgabenpaare.

Informationen in einer Tabelle darstellen

1 Stelle die Informationen in der Tabelle dar.

a) Trage die Umfrageergebnisse in der Tabelle ein.
Fülle die Spalten für die Klassen 1 a und 2 a aus.

Haustier	Klasse 1 a	Klasse 2 a	gesamt
Hund	5		
Katze			
Hamster			
Meerschweinchen			
Vogel			
kein Haustier			

b) Berechne die fehlenden Zahlen für die Spalte „gesamt" und trage sie ein.

2 Die Tabelle enthält viele Informationen.
Schreibe in Sätzen auf, was du ablesen kannst.
Besprich deine Ergebnisse mit anderen Kindern.

Insgesamt haben 11 Kinder einen Hund.

Rechtecke, Quadrate, Dreiecke und Kreise erkennen

1 Löse die Figurenrätsel.

2 Schreibe selbst ein Figurenrätsel.
Bitte ein anderes Kind, das Rätsel zu lösen.

3 Male aus: Kreise rot, Dreiecke blau, Quadrate gelb, Rechtecke grün.

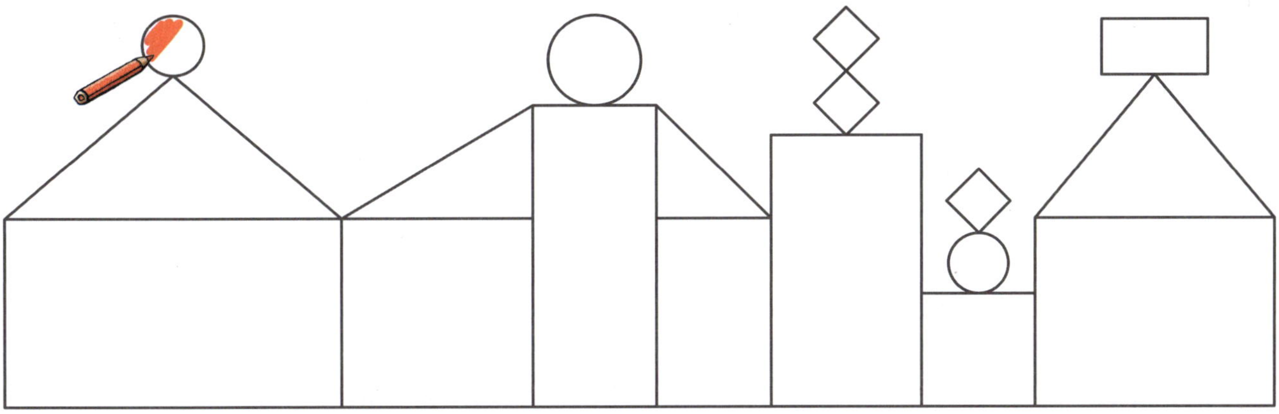

4 Male selbst ein Gebäude, ein Fahrzeug oder etwas anderes aus Quadraten, Rechtecken, Dreiecken und Kreisen.

Flächen von Quadraten und Rechtecken zerlegen

1. Zerlege das Quadrat auf verschiedene Weise in zwei gleich große Flächen.

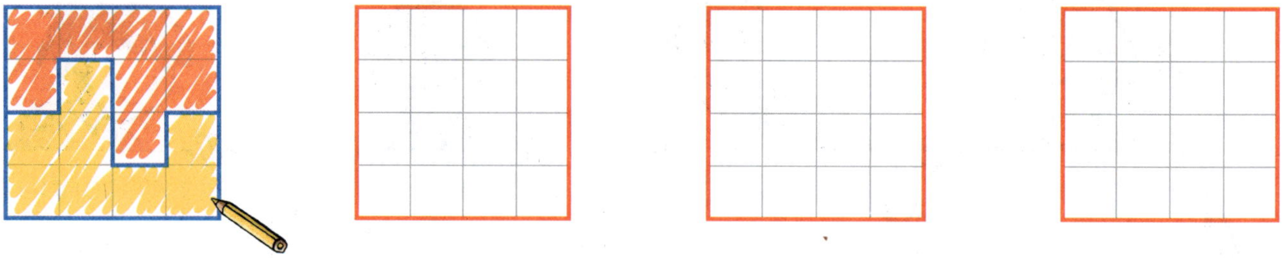

2. Zerlege das Rechteck auf verschiedene Weise in zwei gleich große Flächen. Besprich deine Ergebnisse mit einem anderen Kind.

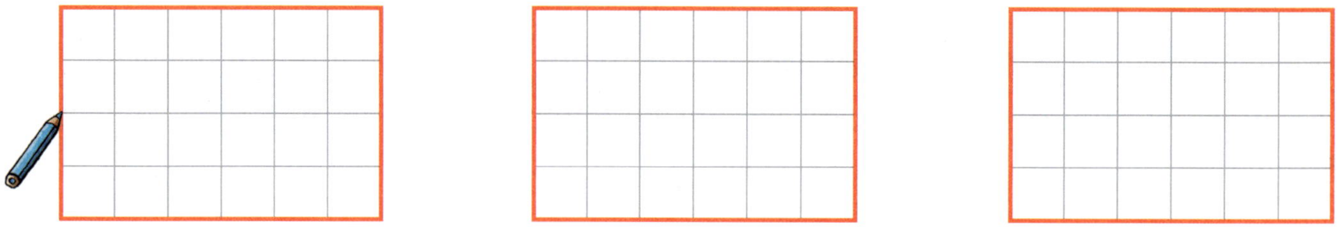

3. Zeichne ein Rechteck, das den gleichen Flächeninhalt hat wie die vorgegebene Figur.

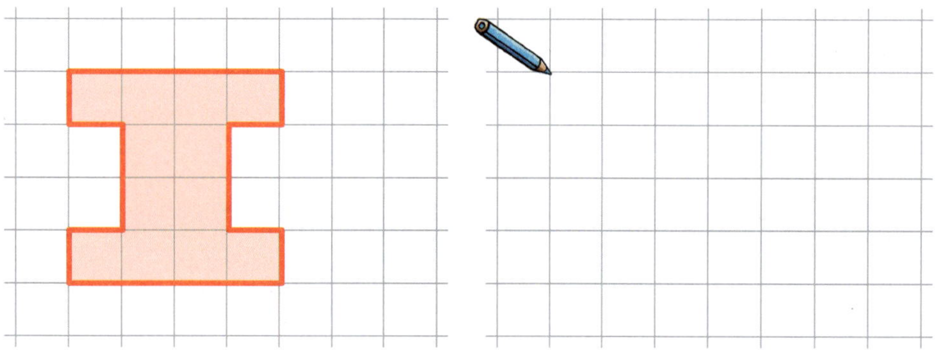

4. Zeichne ein Quadrat, das den gleichen Flächeninhalt hat wie die vorgegebene Figur.

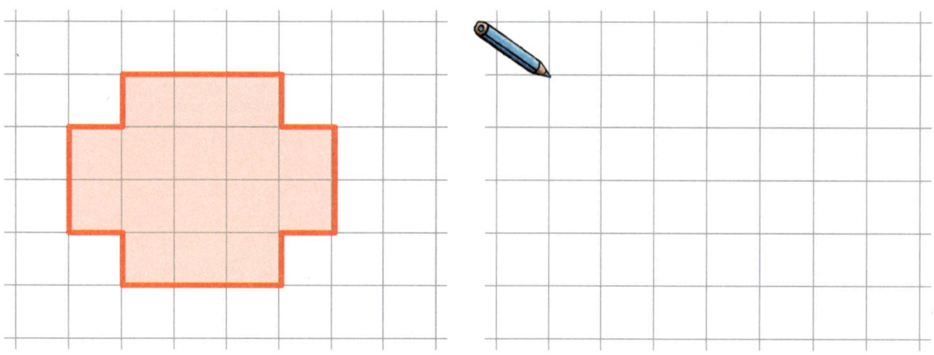

5. Besprich die Ergebnisse aus den Aufgaben 3 und 4 mit anderen Kindern.

Handeln, zeichnen und rechnen

1 Baue eine Mauer aus Steckwürfeln.
In jeder Reihe sollen 8 Würfel sein.
Die Mauer soll 5 Reihen hoch sein.

a) Zeichne die Mauer zu Ende.

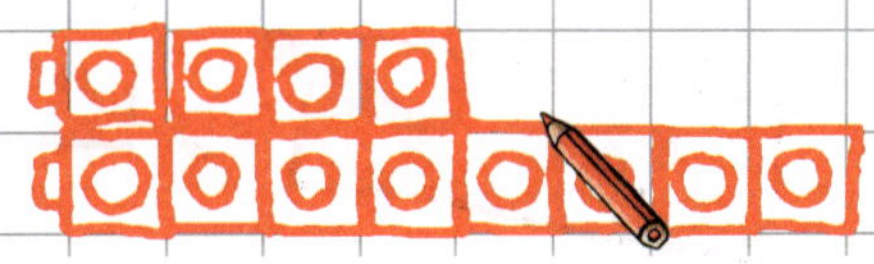

b) Wie viele Würfel brauchst du?
Schreibe die passende Plusaufgabe auf.
Schreibe die passende Malaufgabe auf.

$8 + 8 + 8 + 8 + 8 =$

$5 \cdot 8 =$

2 Baue aus Steckwürfeln 5 Vierertürme.

a) Zeichne die Türme hier auf.

b) Wie viele Würfel brauchst du?
Schreibe die passende Plusaufgabe auf.
Schreibe die passende Malaufgabe auf.

3 Mache mit deiner nassen Hand
4 Abdrücke auf die Tafel.

a) Zeichne das Tafelbild hier auf.

b) Wie viele Finger siehst du auf dem Bild?
Schreibe die passende Plusaufgabe auf.
Schreibe die passende Malaufgabe auf.

4 Lege 3 Reihen mit Bonbons.
In jeder Reihe sollen 6 Bonbons liegen.

a) Zeichne die Bonbons hier auf.

b) Wie viele Bonbons hast du insgesamt
vor dir liegen?
Schreibe die passende Plusaufgabe auf.
Schreibe die passende Malaufgabe auf.

Zueinander passende Plus- und Malaufgaben finden

1 Male die Aufgaben, die zusammengehören, in der gleichen Farbe an.
Rechne die Aufgaben aus.

$4 \cdot 4 = 16$

$4 + 4 + 4 + 4 = 16$

$9 + 9 + 9 = \square$

$7 + 7 = \square$

$3 \cdot 3 = \square$

$3 + 3 + 3 + 3 + 3 + 3 + 3 + 3 = \square$

$2 \cdot 7 = \square$

$8 \cdot 3 = \square$

$5 \cdot 2 = \square$

$2 + 2 + 2 + 2 + 2 = \square$

$4 \cdot 7 = \square$

$3 \cdot 9 = \square$

$3 + 3 + 3 = \square$

$7 + 7 + 7 + 7 = \square$

2 Schreibe zu jeder Plusaufgabe die passende Malaufgabe.
Rechne beide Aufgaben aus.

a) $4 + 4 + 4 = 12$
$3 \cdot 4 = 12$

b) $6 + 6 + 6 + 6 + 6 = \square$
$\square \cdot \square = \square$

c) $5 + 5 + 5 = \square$
$\square \cdot \square = \square$

d) $9 + 9 = \square$
$\square \cdot \square = \square$

e) $8 + 8 + 8 + 8 = \square$
$\square \cdot \square = \square$

f) ________ $= \square$
$\square \cdot \square = \square$

3 Schreibe unter jede Malaufgabe die passende Plusaufgabe.
Rechne die Aufgaben aus.

a) $6 \cdot 4 = 24$
$4 + 4 + 4 + 4 + 4 + 4 = 24$

b) $3 \cdot 6 = \square$
____

c) $4 \cdot 5 = \square$
____

d) $2 \cdot 8 = \square$
____

e) $4 \cdot 9 = \square$
____

f) $\square \cdot \square = \square$
____

Einmaleinsaufgaben mit 1, 2, 5 und 10 lösen

1 Trage die fehlenden Zahlen ein.

a)

· 1 →	
3	3
6	
9	
2	
7	
	1
	8
	4
	10
	5

b)

· 2 →	
5	
1	
7	
9	
3	
	12
	4
	20
	8
	16

c)

· 5 →	
6	
5	
3	
2	
4	
	50
	5
	45
	35
	40

d)

· 10 →	
8	
9	
3	
2	
5	
	40
	70
	100
	60
	10

2 Trage die fehlenden Zahlen ein.

a)

b)

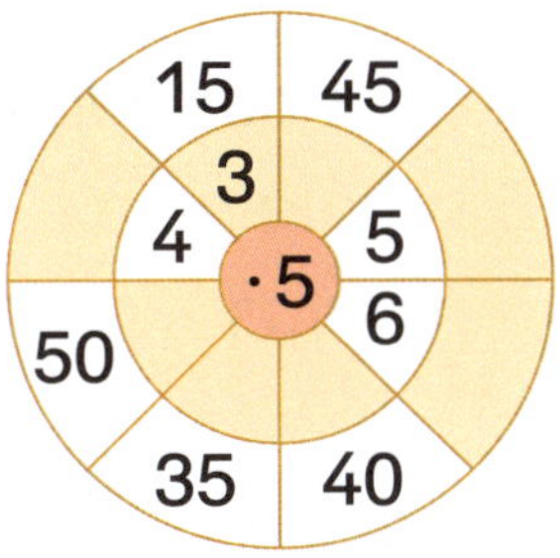

c)

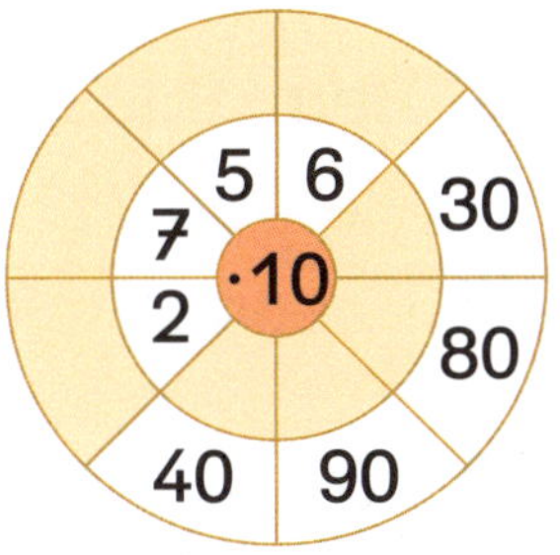

3 Verbinde die Zahlen so, dass Malaufgaben entstehen.
Schreibe die Aufgaben auf.

8 16 2 5 5 25 7 7 1

6 2 9 90 12 5 10 2 8 40

7 70 10 10 30 5 6 5

8 · 2 = 16
__ · __ = __
__ · __ = __

__ · __ = __
__ · __ = __
__ · __ = __

__ · __ = __
__ · __ = __
__ · __ = __

1 Löse die Kernaufgaben. Trage die Ergebnisse in die Einmaleinstafel ein. Schreibe mit einem roten Stift.

·	1	2	3	4	5	6	7	8	9	10
1	1									
2										
3										
4										
5										
6										
7										
8										
9										
10										

2 Betrachte in der Einmaleinstafel das Einmaleins mit 1, 2, 5 und 10 und die Tauschaufgaben zum Einmaleins mit 1, 2, 5 und 10.
Besprich mit anderen Kindern, was dir auffällt.

3 Löse die Aufgaben aus dem Einmaleins mit 1, 2, 5 und 10.

·	1	2	5	10
4	4			
8				
6				
9				

4 Löse die Tauschaufgaben zum Einmaleins mit 1, 2, 5 und 10.

·	3	6	7	8
1				
2				
5				
10				

5 Finde die Quadrataufgaben und löse sie.

6 · [6] = [ ]　　4 · [ ] = [ ]　　7 · [ ] = [ ]　　5 · [ ] = [ ]

9 · [ ] = [ ]　　3 · [ ] = [ ]　　10 · [ ] = [ ]　　8 · [ ] = [ ]

25

Kernaufgaben üben (2)

1 Male das Kästchen mit dem richtigen Ergebnis aus.

a)

8 · 2 =	14	16	18
6 · 5 =	40	35	30
8 · 8 =	64	81	49
6 · 10 =	70	60	50

b)

5 · 7 =	30	35	40
2 · 4 =	8	6	10
10 · 8 =	90	75	80
9 · 9 =	83	81	64

c)

2 · 9 + 2 =	20	16	18
7 · 5 + 4 =	35	39	31
8 · 1 − 5 =	13	3	8
7 · 7 − 4 =	49	53	45

2 Kontrolliere die Aufgaben.
Tipp: In jedem Päckchen sind zwei Aufgaben falsch.

a) 2 · 5 = 10 ✓
6 · 5 = ~~35~~ 30
8 · 8 = 64 ____
9 · 10 = 80 ____

b) 6 · 2 = 10 ____
10 · 5 = 50 ____
5 · 5 = 30 ____
10 · 7 = 70 ____

c) 2 · 9 = 18 ____
5 · 3 = 12 ____
7 · 2 = 15 ____
9 · 5 = 45 ____

d) 8 · 5 = 48 ____
7 · 7 = 49 ____
2 · 7 = 14 ____
5 · 9 = 50 ____

3 Verbinde immer 2 Aufgaben. Setze das richtige Zeichen <, > oder = ein.
Vergleiche deine Ergebnisse mit denen anderer Kinder.

a)

3 · 3	<	8 · 5
5 · 8		3 · 5
3 · 10		10 · 4
5 · 4		2 · 6

(3 · 3 < 3 · 5)

b)

4 · 4	3 · 10
6 · 6	2 · 10
4 · 5	9 · 2
5 · 6	2 · 8

4 Löse die Geheimschrift.

7	8	9	12	14	16	18	20	30	35	36	40	81
R	S	D	T	H	U	A	L	N	E	C	O	K

3·3	4·4		9·9	2·9	10·3	6·5	4·2	2·6
D	____		____	____	____	____	____	____

6·2	8·5	2·10	4·5		1·7	5·7	6·6	7·2	3·10	7·5	5·6	
____	____	____	____		____	____	____	____	____	____	____	!

Mit den Kernaufgaben rechnen

1 Löse die Aufgaben.

a) $3 \cdot 8 = 2 \cdot 8 + 1 \cdot 8$
$3 \cdot 8 = \boxed{16} + \boxed{8} = \square$

b) $6 \cdot 9 = 5 \cdot 9 + 1 \cdot 9$
$6 \cdot 9 = \square + \square = \square$

c) $8 \cdot 7 = 7 \cdot 7 + 1 \cdot 7$
$8 \cdot 7 = \square + \square = \square$

d) $6 \cdot 3 = 3 \cdot 3 + 3 \cdot 3$
$6 \cdot 3 = \square + \square = \square$

2 Löse die Aufgaben.

a) $9 \cdot 6 = 10 \cdot 6 - 1 \cdot 6$
$9 \cdot 6 = \square - \square = \square$

b) $4 \cdot 8 = 5 \cdot 8 - 1 \cdot 8$
$4 \cdot 8 = \square - \square = \square$

c) $8 \cdot 9 = 9 \cdot 9 - 1 \cdot 9$
$8 \cdot 9 = \square - \square = \square$

d) $9 \cdot 3 = 10 \cdot 3 - 1 \cdot 3$
$9 \cdot 3 = \square - \square = \square$

3 Jede Malaufgabe kannst du auf zwei Wegen lösen.
Male die Kärtchen, die zusammengehören in der gleichen Farbe an.

$4 \cdot 6$	$5 \cdot 7 + 1 \cdot 7$	$6 \cdot 7$	$5 \cdot 3 - 1 \cdot 3$
$3 \cdot 3 + 1 \cdot 3$	$5 \cdot 6 - 1 \cdot 6$	$5 \cdot 8 + 2 \cdot 8$	$7 \cdot 8$
$2 \cdot 6 + 2 \cdot 6$	$4 \cdot 3$	$8 \cdot 8 - 1 \cdot 8$	$7 \cdot 7 - 1 \cdot 7$

4 Rechne mit deinem Rechenweg.

a) $7 \cdot 6 = \square \cdot \square \bigcirc \square \cdot \square$
$7 \cdot 6 = \square \bigcirc \square$

b) $6 \cdot 4 = \square \cdot \square \bigcirc \square \cdot \square$
$6 \cdot 4 = \square \bigcirc \square$

c) $9 \cdot 8 = \square \cdot \square \bigcirc \square \cdot \square$
$9 \cdot 8 = \square \bigcirc \square$

d) $3 \cdot 4 = \square \cdot \square \bigcirc \square \cdot \square$
$3 \cdot 4 = \square \bigcirc \square$

Geteiltaufgaben mit Hilfe von Bildern lösen – Aufteilen

1 Schreibe zu jedem Bild die passende Geteiltaufgabe.

a) 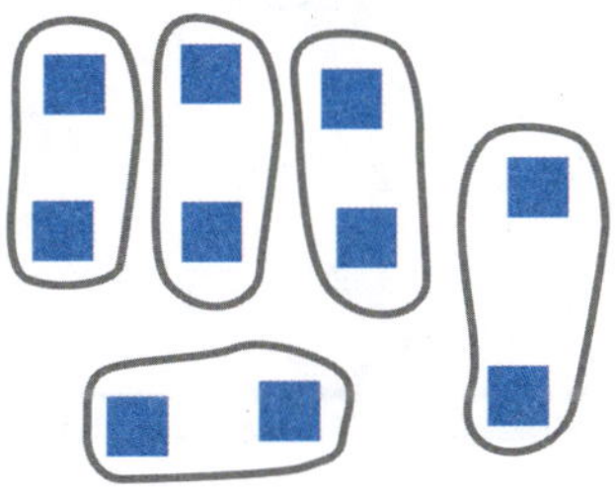

10 : 2 = 5

b) 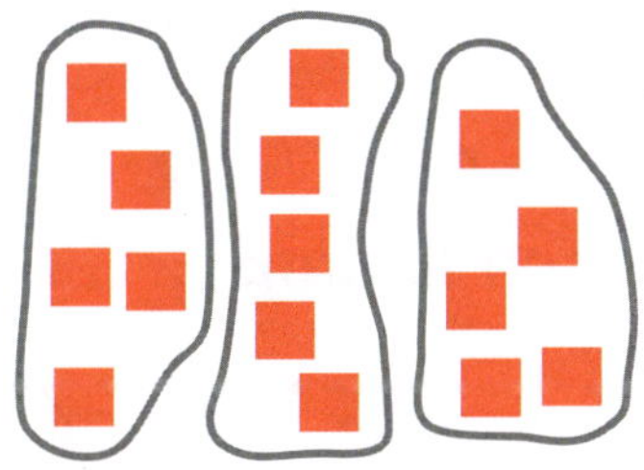

☐ : ☐ = ☐

c) 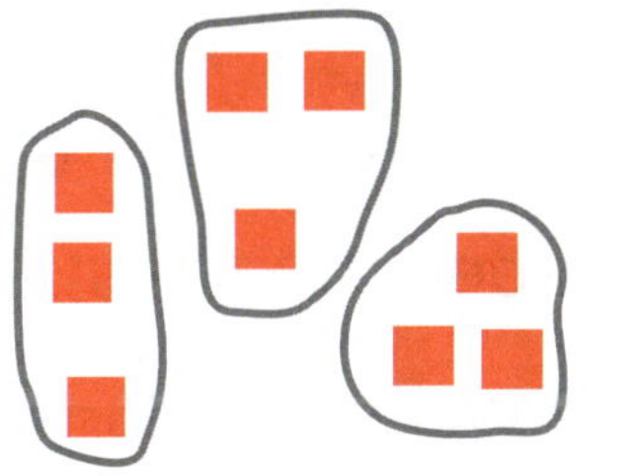

☐ : ☐ = ☐

d) 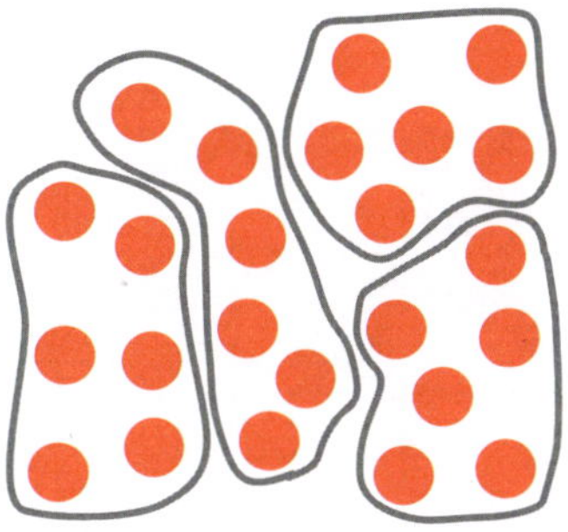

☐ : ☐ = ☐

e) 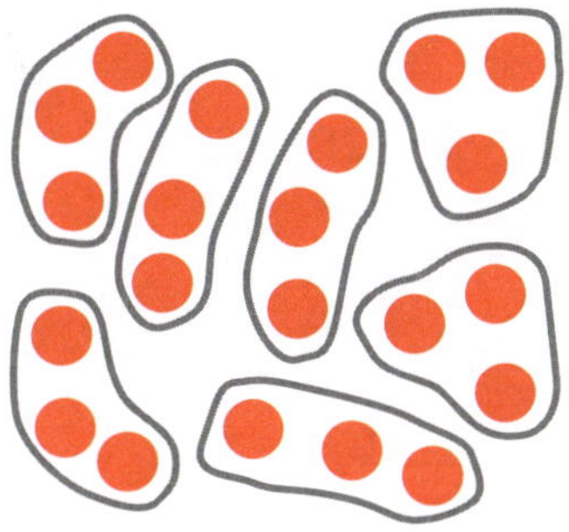

☐ : ☐ = ☐

f) 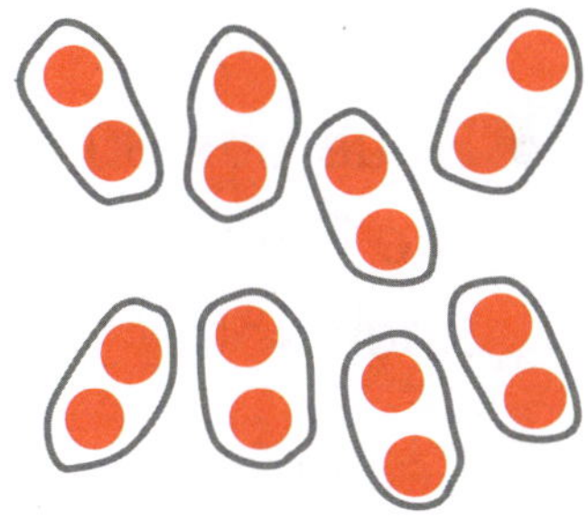

☐ : ☐ = ☐

2 Zeichne passende Rechenbilder und löse die Aufgaben.

a) 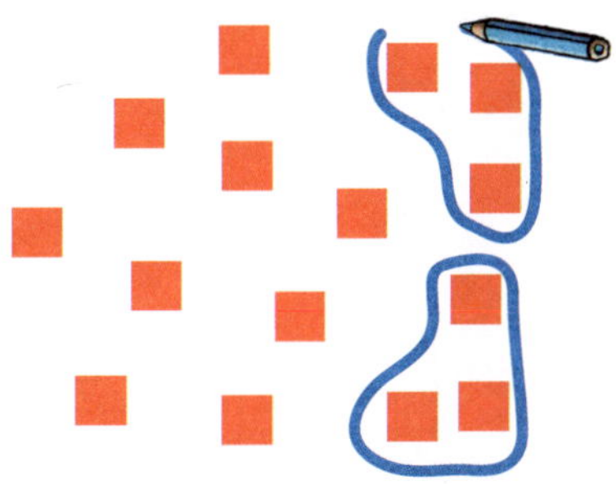

15 : 3 = ☐

b) 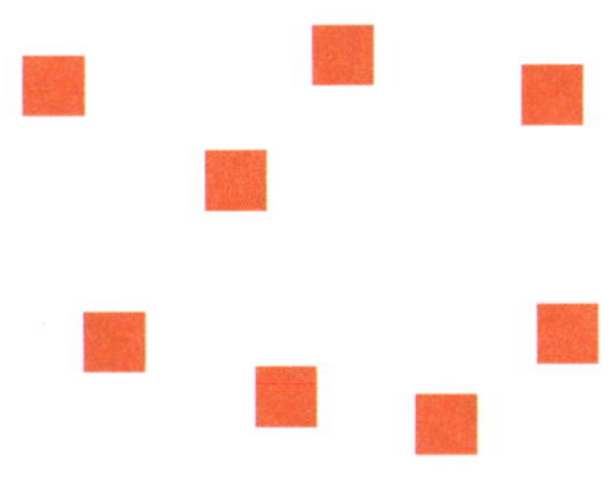

8 : 2 = ☐

c) 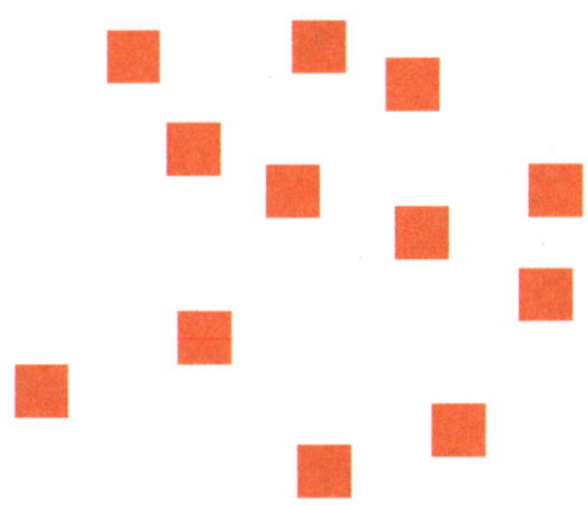

12 : 4 = ☐

d) 

16 : 4 = ☐

e) 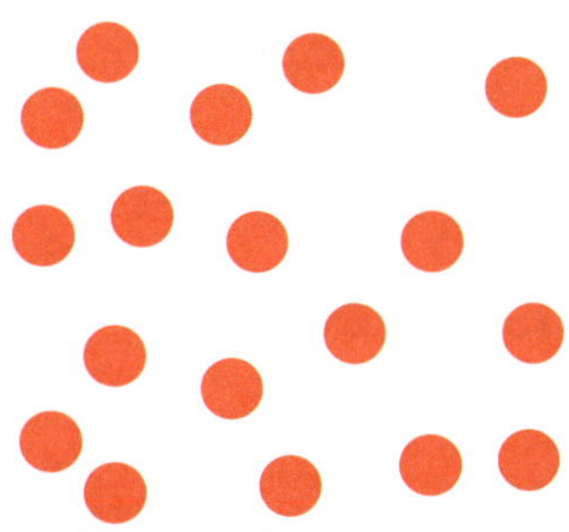

18 : 6 = ☐

f) 

21 : 7 = ☐

Handeln, zeichnen und rechnen – Verteilen

44

1 Verteile 15 Karten gleichmäßig an 3 Kinder.

a) Zeichne hier, wie die Karten nach dem Verteilen auf dem Tisch liegen.

b) Wie viele Karten bekommt jedes Kind? ☐
Schreibe die passende Geteiltaufgabe auf. ______

2 Baue aus 30 Steckwürfeln 6 Türme. Die Türme sollen alle gleich hoch sein.

a) Zeichne die Türme hier auf.

b) Aus wie vielen Steckwürfeln besteht jeder Turm? ☐
Schreibe die passende Geteiltaufgabe auf. ______

3 Baue aus 18 Steckwürfeln eine Mauer. Die Mauer besteht aus 3 Reihen.

a) Zeichne die Mauer hier auf.

b) Aus wie vielen Würfeln besteht jede Reihe? ☐
Schreibe die passende Geteiltaufgabe auf. ______

4 Verteile 20 1-Euro-Münzen an 4 Kinder.

a) Zeichne, wie die Münzen nach dem Verteilen auf dem Tisch liegen.

b) Wie viele 1-Euro-Münzen bekommt jedes Kind? ☐
Schreibe die passende Geteiltaufgabe auf. ______

Zu Geteiltaufgaben passende Malaufgaben finden

1 Trage die fehlenden Zahlen ein.

a) 35 —: 5→ 7, ←· 5—
60 —: 6→ ☐, ←· 6—
16 —: 8→ ☐, ←· 8—

b) ☐ —: 2→ 7, ←· 2—
☐ —: 3→ 5, ←· 3—
☐ —: 5→ 8, ←· 5—

c) 30 —: 6→ ☐, ←· 6—
☐ —: 9→ 5, ←· 9—
40 —: 4→ ☐, ←· 4—

2 Verbinde Geteilt- und Malaufgaben, die zusammengehören. Löse sie.

15 : 5 = 3 | 14 : 7 = ☐ | 4 · 5 = ☐ | 40 : 10 = ☐
2 · 7 = ☐ | 20 : 5 = ☐ | 4 · 10 = ☐ | 5 · 8 = ☐
10 · 3 = ☐ | 3 · 5 = 15 | 30 : 3 = ☐ | 40 : 8 = ☐

3 Finde zu jeder Geteiltaufgabe die passende Malaufgabe.
Rechne beide Aufgaben aus.

a) 20 : 4 = 5
5 · 4 = 20

b) 80 : 8 = ☐
☐ · ☐ = ☐

c) 35 : 7 = ☐
☐ · ☐ = ☐

d) 40 : 5 = ☐
☐ · ☐ = ☐

e) 90 : 9 = ☐
☐ · ☐ = ☐

f) 30 : 6 = ☐
☐ · ☐ = ☐

4 Schreibe zu 3 Zahlen jeweils 4 Aufgaben.

a) 4 5 20
4 · 5 = 20
20 : 5 =

b) 7 10 70

c) 9 5 45

Geteiltaufgaben lösen und kontrollieren

1 Löse die Geteiltaufgaben.
Kontrolliere deine Ergebnisse mit der Umkehraufgabe.

a)
5 : 5 = 1, denn 1 · 5 = 5
70 : 10 = ___, denn ___
8 : 1 = ___, denn ___
40 : 5 = ___, denn ___
90 : 10 = ___, denn ___
6 : 1 = ___, denn ___
35 : 5 = ___, denn ___
60 : 10 = ___, denn ___
3 : 1 = ___, denn ___
30 : 5 = ___, denn ___

b)
16 : 2 = ___, denn ___
9 : 3 = ___, denn ___
18 : 2 = ___, denn ___
16 : 4 = ___, denn ___
12 : 2 = ___, denn ___
81 : 9 = ___, denn ___
10 : 2 = ___, denn ___
25 : 5 = ___, denn ___
14 : 2 = ___, denn ___
64 : 8 = ___, denn ___

c)
4 : 4 = ___, denn ___
80 : 8 = ___, denn ___
45 : 9 = ___, denn ___
50 : 5 = ___, denn ___
15 : 3 = ___, denn ___
9 : 9 = ___, denn ___
20 : 4 = ___, denn ___
7 : 7 = ___, denn ___
30 : 3 = ___, denn ___
10 : 2 = ___, denn ___

d)
36 : 6 = ___, denn ___
40 : 4 = ___, denn ___
100 : 10 = ___, denn ___
30 : 6 = ___, denn ___
40 : 8 = ___, denn ___
10 : 1 = ___, denn ___
49 : 7 = ___, denn ___
60 : 6 = ___, denn ___
4 : 2 = ___, denn ___
45 : 9 = ___, denn ___

Geteiltaufgaben lösen

1 Male die Aufgaben und ihre Ergebnisse jeweils in der gleichen Farbe aus.

49 : 7 | 30 : 6 | 18 : 2 | 64 : 8 | 81 : 9 | 16 : 4 | 25 : 5 | 35 : 5 | 80 : 10 | 50 : 10 | 36 : 6 | 9 : 3

5 | 8 | 7 | 6 | 3 | 5 | 5 | 4 | 9 | 8 | 7 | 9

2 Verbinde so, dass sich richtige Aufgaben ergeben.

a)

35	: 6	= 9
80	: 5	= 8
36	: 2	= 6
18	: 10	= 7

b)

14	: 4	= 9
16	: 5	= 7
45	: 10	= 4
60	: 2	= 6

3 Streiche die falschen Ergebnisse durch.

a)

15 : 5 =	~~2~~	~~10~~	3
80 : 10 =	10	8	6
30 : 5 =	6	4	8
20 : 10 =	2	1	5
45 : 5 =	5	9	7
90 : 10 =	10	8	9

b)

10 : 1 =	9	10	5
16 : 2 =	6	4	8
7 : 1 =	2	7	10
8 : 2 =	2	4	8
1 : 1 =	1	5	8
18 : 2 =	7	9	8

c)

9 : 3 =	3	6	7
81 : 9 =	4	9	6
25 : 5 =	3	4	5
16 : 4 =	7	6	4
36 : 6 =	7	6	9
64 : 8 =	8	7	9

4 Male das Kästchen mit dem richtigen Ergebnis aus.

a)

35 : 7 =	5	6	9
40 : 8 =	6	5	9
60 : 6 =	7	10	9
45 : 9 =	4	6	5

b)

80 : 8 =	6	8	10
18 : 9 =	5	2	4
35 : 7 =	6	5	7
40 : 4 =	10	9	8

c)

30 : 6 =	4	5	8
14 : 7 =	2	3	6
80 : 8 =	10	6	9
45 : 9 =	6	5	7

Geteiltaufgaben mit Rest lösen

1 Zeichne passende Rechenbilder und löse die Aufgaben.
Besprich deine Lösung mit einem anderen Kind.

a) 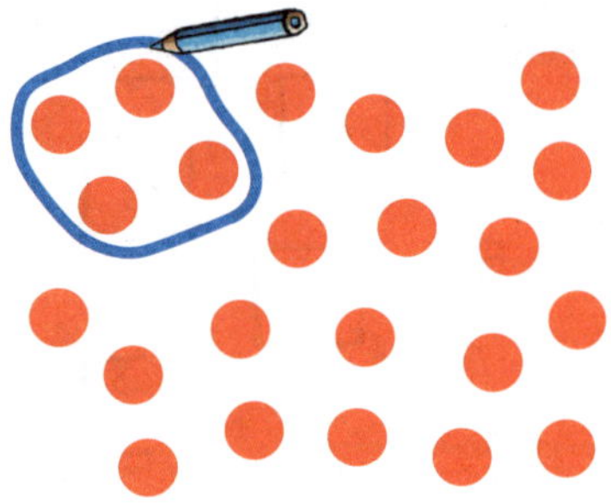

23 : 4 = ☐ Rest ☐

b) 

20 : 6 = ☐ Rest ☐

c) 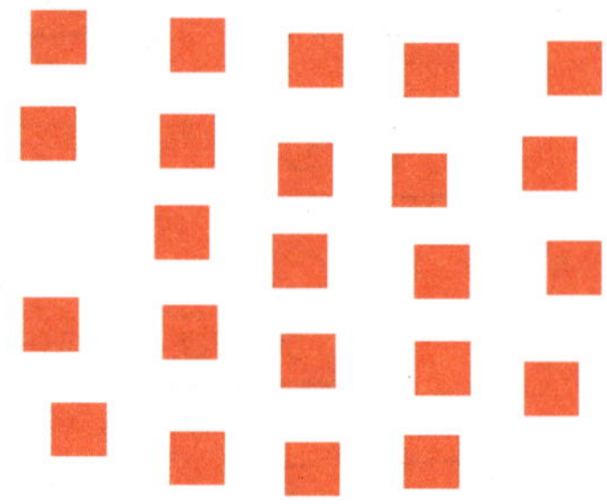

23 : 3 = ☐ Rest ☐

d) 

19 : 2 = ☐ Rest ☐

e) 

27 : 5 = ☐ Rest ☐

f) 

17 : 7 = ☐ Rest ☐

2 Finde zu jeder Geteiltaufgabe die passende Malaufgabe.
Male beide Aufgaben in der gleichen Farbe aus.

15 : 2 = 7 Rest 1

17 : 4 = 4 Rest 1

32 : 3 = 10 Rest 2

44 : 10 = 4 Rest 4

38 : 6 = 6 Rest 2

23 : 5 = 4 Rest 3

66 : 8 = 8 Rest 2

42 : 5 = 8 Rest 2

4 · 5 + 3 = 23

7 · 2 + 1 = 15

4 · 10 + 4 = 44

6 · 6 + 2 = 38

4 · 4 + 1 = 17

8 · 8 + 2 = 66

10 · 3 + 2 = 32

8 · 5 + 2 = 42

Zu Rechengeschichten Punktebilder und Aufgaben finden

53

1 Finde zu jeder Rechengeschichte eine passende Aufgabe und einen Antwortsatz. Du kannst zuerst ein Punktebild zeichnen.

a) Auf dem Parkplatz stehen Autos in Fünferreihen. Drei Reihen sind voll besetzt.

F: Wie viele Autos parken auf dem Parkplatz?

R: $3 \cdot 5 = 15$

A: *Auf dem Parkplatz parken 15 Autos.*

b) Auf einem Parkplatz parken 24 Autos in vier Reihen. In jeder Reihe stehen gleich viele Autos.

F: Wie viele Autos stehen in jeder Reihe?

R: ______

A: ______

c) Auf einem Parkplatz stehen 40 Autos in Achterreihen.

F: Wie viele Reihen sind besetzt?

R: ______

A: ______

d) Auf einem Parkplatz parken Autos in fünf Reihen. In jeder Reihe stehen sechs Autos.

F: Wie viele Autos parken dort?

R: ______

A: ______

Mit Rechengeschichten umgehen

1 Ordne den Rechengeschichten (·) oder (:) zu.
Finde passende Mal- und Geteiltaufgaben.

a) Janek hat seine Postkarten sortiert.
Er hat 3 Stapel mit je 7 Postkarten. (·) $3 \cdot 7 = 21$

b) Paul hat 8 Postkarten doppelt.
Diese verteilt er an 2 Freunde. ( ) ____________

c) Tom hat 20 Tierpostkarten.
Er verpackt immer 5 in einen Briefumschlag. ( ) ____________

d) Sofie klebt ihre Tierpostkarten in ein Heft ein.
Auf jede Seite klebt sie 4 Karten.
7 Seiten sind schon voll. ( ) ____________

2 Im Zoo sind Strauße und Gürteltiere in einem Gehege untergebracht.
Insgesamt haben die Tiere in dem Gehege 36 Beine.
Wie viele Strauße und wie viele Gürteltiere könnte es geben?
Löse die Aufgabe gemeinsam mit einem anderen Kind.

Körperformen entdecken

57

1 Finde Gegenstände, die ähnliche Formen wie Würfel, Quader, Kugel, Zylinder, Kegel, Pyramide und Prisma haben. Male sie in der passenden Farbe aus.

Körperformen erkennen / Eigenschaften zuordnen

1 Welche Körperformen sind verbaut?

a) Male die Körperformen in den gleichen Farben an wie auf Seite 49.

b) Wie viele Körper sind verbaut? Fülle die Tabelle aus.

Körper	Würfel	Quader	Kugel	Zylinder	Kegel	Pyramide	Prisma
Anzahl	II						

2 Ordne Würfel und Quader Eigenschaften zu.

Alle Seitenflächen sind Quadrate.

Alle Seitenflächen sind gleich.

Alle Seitenflächen sind Rechtecke.

12 Kanten

8 Ecken

6 Seitenflächen

Immer 4 Kanten sind gleich lang.

Alle Kanten sind gleich lang.

Immer 2 Seitenflächen sind gleich.

Ansichten von Bauwerken zuordnen

Bauwerk A

Bauwerk B

Bauwerk C

1 Ordne die Ansichten den Bauwerken zu.
Besprich deine Ergebnisse mit einem anderen Kind.

von oben

von vorne

von rechts

Bauwerk A | Bauwerk B | Bauwerk C

von links

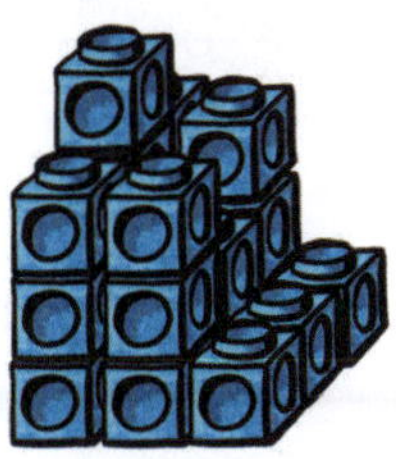

von hinten

von unten

Geldbeträge ermitteln und zusammenstellen

1 Ermittle in jeder Zeile den Gesamtbetrag.

50 €	20 €	10 €	5 €	2 €	1 €	50 ct	20 ct	10 ct	5 ct	Gesamtbetrag
1	–	1	2	–	–	–	–	–	–	70 €
–	3	2	–	–	–	–	–	–	–	
1	1	–	4	–	–	–	–	–	–	
–	1	1	1	1	1	–	–	–	–	
1	1	–	2	2	1	–	–	–	–	
–	2	1	2	3	1	1	–	–	–	
1	–	1	1	1	1	1	1	–	–	
–	2	1	2	3	1	2	1	1	–	
–	–	1	4	2	2	2	3	–	1	

2 Lege mit Rechengeld auf zwei verschiedene Arten, wie du die Kleidungsstücke bezahlen kannst. Trage deine gefundenen Möglichkeiten ein. Besprich deine Ergebnisse mit anderen Kindern.

	50 €	20 €	10 €	5 €	2 €	1 €	50 ct	20 ct	10 ct	5 ct
94,– €	1	2	–	–	1	2	–	–	–	–
13 €										
24 € 80 ct										
65 € 95 ct										

Geldbeträge vergleichen und ordnen

1 Vergleiche die Geldbeträge in den Sparschweinen.

a) Setze das richtige Zeichen < oder >.

Max

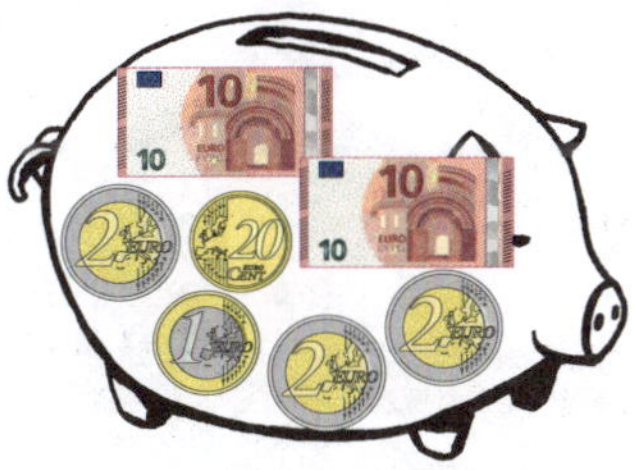

27€ 20 ct

Mai-Lin

Meral

Janek

b) Ordne die Beträge in den Sparschweinen.
Beginne mit dem größten Geldbetrag.

---

2 Vergleiche die Geldbeträge. Setze die Zeichen <, =, > passend ein.

a) 17€ 15ct < 17€ 25ct
28€ 43ct ◯ 28€ 34ct
53€ 16ct ◯ 53€ 16ct

b) 23€ 88ct ◯ 24€ 1ct
16€ 54ct ◯ 9€ 98ct
84€ 16ct ◯ 48€ 16ct

c) 75€ 75ct ◯ 65€ 85ct
76€ 21ct ◯ 76€ 21ct
91€ 7ct ◯ 91€ 70ct

3 Ordne die Geldbeträge der Größe nach.

a) 28€ 12ct 51€ 6ct 16€ 94ct 60€ 12ct 34€ 24ct 21€ 13ct

---

b) 48€ 48ct 7€ 48ct 84€ 72ct 84€ 27ct 48€ 27ct 27€ 48ct

Einkaufssituationen gestalten und berechnen

1 Ergänze die Tabellen.

a)

Ich kaufe	Ich muss bezahlen
Dino und Puppe	*39 Euro*

b)

Ich möchte kaufen	Preis	Ich habe	Ich muss noch sparen
Teddy	*15 Euro*	14 Euro	*1 Euro*
Ritterburg		14 Euro	
Auto-Rennbahn		14 Euro	
Bagger		14 Euro	

c)

Ich kaufe	Preis	Ich gebe	Ich bekomme zurück
Spiele-Sammlung	*26 Euro*	50 Euro	*24 Euro*
Lego		50 Euro	
Dino		50 Euro	
Elefant		50 Euro	
Fußball		50 Euro	

Im Zooladen einkaufen

Meerschweinchen	
Käfig:	32 €
Haus:	9 €
Tränke:	4 €
Bürste:	2 €
Krallenschere:	2 €
Futter, klein:	2 €
Futter, groß:	3 €

Katze	
Katzentoilette:	14 €
Katzenstreu:	5 €
Katzenkorb:	18 €
Kratzbaum:	45 €
Trockenfutter, klein:	3 €
Trockenfutter, groß:	7 €
Dose Nassfutter:	1 €

Hund	
Hundekorb:	24 €
Transportkorb:	26 €
Halsband:	17 €
Hundespielzeug:	6 €
Trockenfutter, klein:	8 €
Trockenfutter, groß:	26 €
Dose Nassfutter:	1 €

1 Stelle Fragen, rechne und antworte.

a) Patrick hat 60 €. Er möchte für seine Meerschweinchen einen Käfig, ein Haus und eine Tränke kaufen.

F: ______

R: ______

A: ______

b) Sofie möchte für ihre Katze Futter kaufen. Sie hat dafür 55 €.

F: ______

R: ______

A: ______

2 Was würdest du für deinen Hund kaufen, wenn du dafür 40 € hast? Rechne und antworte.

______

______

3 Ist es möglich, dass Lisa für ihre Katze für 18 € eine Katzentoilette und Katzenstreu kauft?

______

______

4 Die Kinder deiner Klasse wollen für ihre Meerschweinchen Futter kaufen. Reichen dafür 40 €?

______

______

Uhrzeiger einzeichnen

1 Zeichne den Minutenzeiger ein.

a)

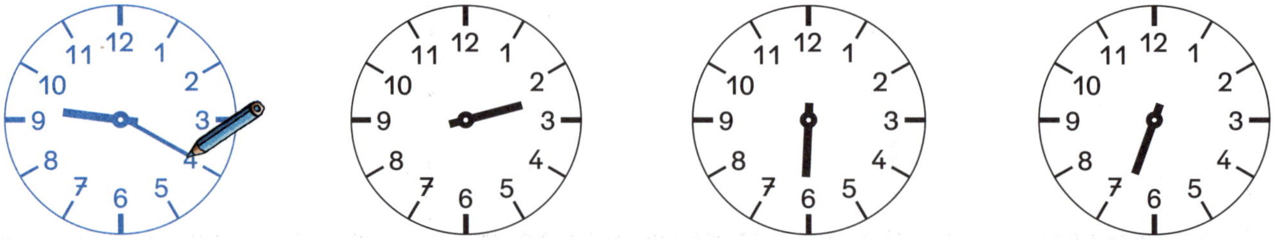

9.20 Uhr | 14.35 Uhr | 18.05 Uhr | 6.40 Uhr

b)

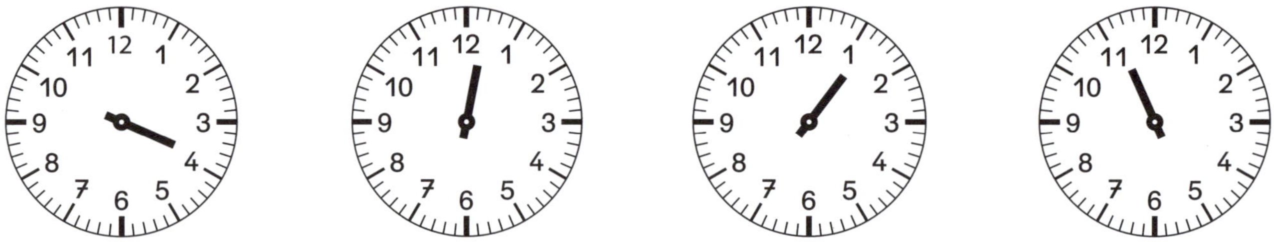

15.48 Uhr | 12.22 Uhr | 1.14 Uhr | 23.06 Uhr

2 Zeichne den Stundenzeiger ein.

a)

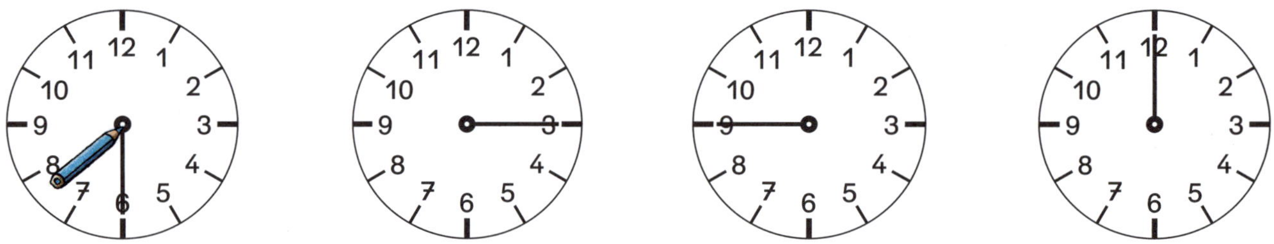

22.30 Uhr | 14.15 Uhr | 6.45 Uhr | 1.00 Uhr

b)

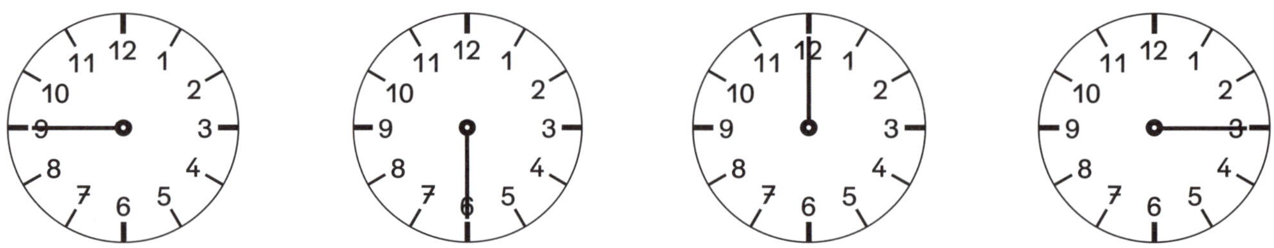

22.45 Uhr | 21.30 Uhr | 10.00 Uhr | 12.15 Uhr

Zeitpunkte berechnen

1 Trage die richtige Zeigerstellung ein.
Lies immer beide Uhrzeiten ab und schreibe sie auf.

a) 9.00 Uhr oder 21.00 Uhr

2 Stunden früher ←

11.00 Uhr oder 23.00 Uhr

b) ______ oder ______

2 Stunden später →

______ oder ______

c) ______ oder ______

30 Minuten früher ←

______ oder ______

d) ______ oder ______

5 Minuten später →

______ oder ______

2 Berechne die Uhrzeiten.

a) vor 2 Stunden: ______ oder ______

b) in 4 Stunden: ______ oder ______

c) vor 15 Minuten: ______ oder ______

d) in 30 Minuten: ______ oder ______

e) vor 1 Stunde und 30 Minuten: ______ oder ______

f) in 2 Stunden und 15 Minuten: ______ oder ______

Zeitspanne berechnen, vergleichen und prüfen

1 Auf dem Spielplatz

a) Lies die Uhrzeiten ab.
Berechne, wie lange die Kinder auf dem Spielplatz waren.

Mai-Lin 15.30 Uhr  ______ →  ______

Paul ______  ______ →  ______

Lena ______  ______ →  ______

Janek ______  ______ →  ______

b) Vergleiche.

______ war länger auf dem Spielplatz als ______.

______ war kürzer auf dem Spielplatz als ______.

______ war genauso lange auf dem Spielplatz wie ______.

2 Überprüfe, ob die Aussagen stimmen können.

- ◯ kann stimmen
- ◯ kann nicht stimmen

- ◯ kann stimmen
- ◯ kann nicht stimmen

- ◯ kann stimmen
- ◯ kann nicht stimmen

3 Überlege, wie viel Zeit du in einem Monat auf dem Spielplatz verbringst.

Längeneinheiten und Längenangaben zuordnen

1 Entscheide, ob die Aussage stimmt und kreuze an.

	stimmt	stimmt nicht
Ein Auto ist länger als 10 m.		×
Mein Mäppchen ist länger als 10 cm.		
Unser Klassenzimmer ist 5 m hoch.		
Mein Bleistift ist kürzer als 30 cm.		
Meine Schritte sind größer als 1 m.		
Mein Füller ist länger als 10 cm.		

2 Setze m oder cm passend ein.

a) Die Klassenzimmertür
ist ungefähr 1 m___ breit.

b) Mein Stuhl
ist ungefähr 45 ____ hoch.

c) Das Plakat an der Wand
ist 72 ____ hoch und 56 ____ breit.

d) Das Buch
ist ungefähr 3 ____ dick.

e) Der Baum
ist ungefähr 20 ____ hoch.

f) Der Schreibtisch
ist 1 ____ 20 ____ lang.

3 Ordne gemeinsam mit einem Partnerkind die Längenangaben zu und trage ein.

~~4 m~~ | 1 m | 10 m | 100 m | 8 cm | 30 cm | 1 cm | 12 cm

4 m

____

____

____

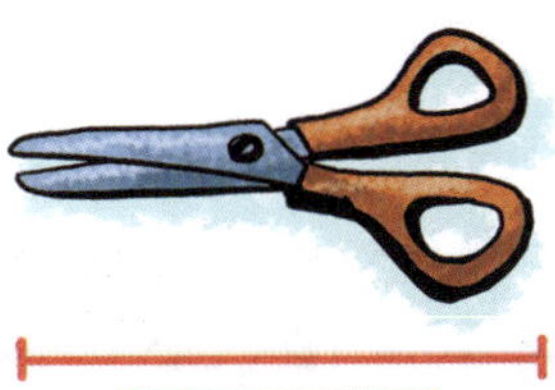
____

____

____

____

Längen schätzen und vergleichen

1 Schätze, wie lang diese Verkehrsmittel ungefähr in Wirklichkeit sind. Verbinde.

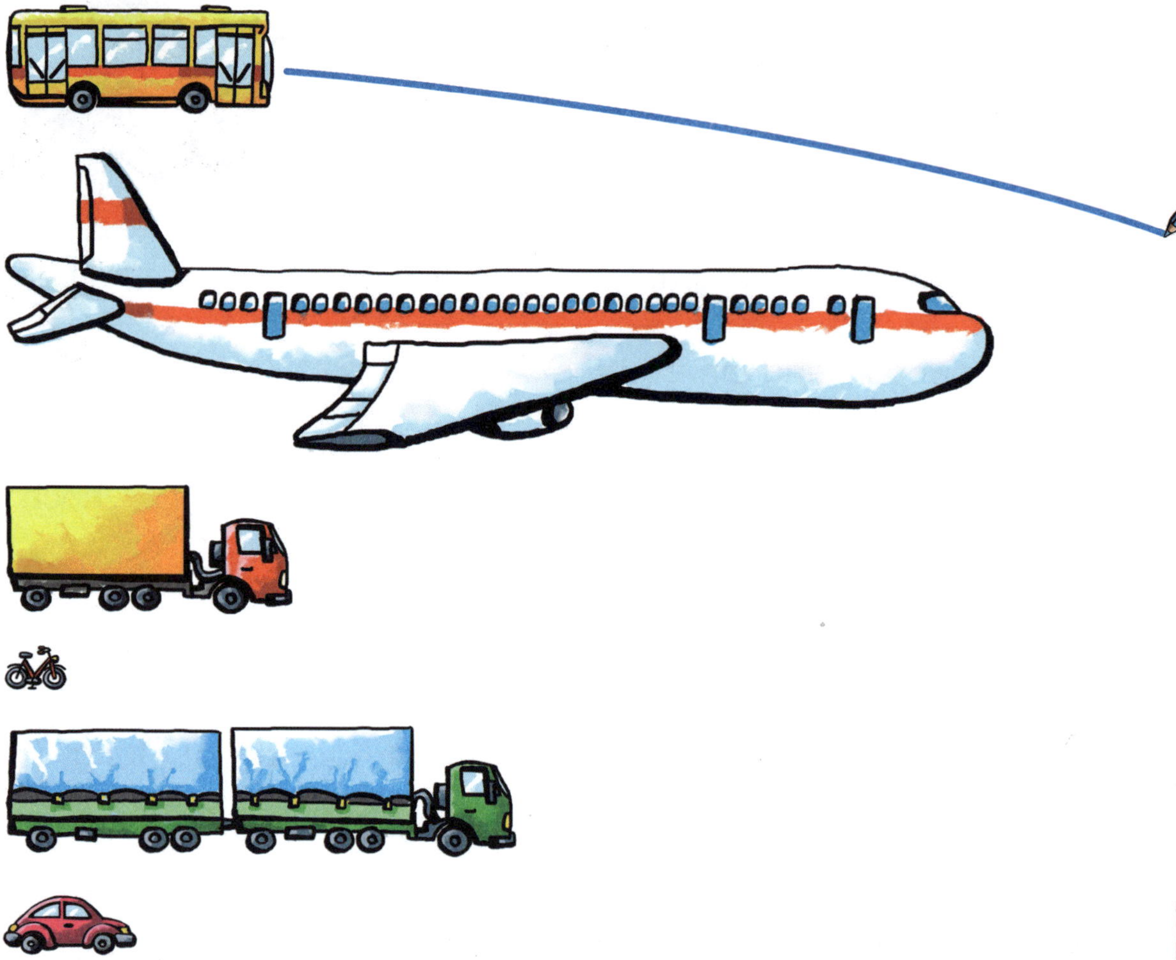

11 m

9 m

40 m

4 m

2 m

19 m

2 Zeichne die Pfeile passend ein.

a) ist länger als →

b) ist kürzer als →

Längen berechnen

1 Bestimme gemeinsam mit einem Partnerkind die Ergebnisse beim Weitsprung.

Name	1. Sprung	2. Sprung
Anne		
Janek	2 m 30 cm	
Maja		
Ole		
Patrick		
Sofie		

a) Bestimme die Weiten für den 1. Sprung. Trage sie in die Tabelle oben ein.

Janek ist 2 m 30 cm weit gesprungen.
Maja ist 1 m weiter gesprungen als Janek.
Patrick ist 10 cm kürzer gesprungen als Maja.
Ole ist 50 cm weiter gesprungen als Janek.
Sofie ist 10 cm kürzer gesprungen als Ole.
Anne ist genauso weit gesprungen wie Janek.

b) Bestimme die Weiten für den 2. Sprung. Trage sie in die Tabelle oben ein.

Anne ist 30 cm weiter gesprungen als beim ersten Sprung.
Janek ist 1 m weiter gesprungen als beim ersten Sprung.
Maja ist 10 cm kürzer gesprungen als beim ersten Sprung.
Ole ist 70 cm kürzer gesprungen als beim ersten Sprung.
Patrick ist 10 cm kürzer gesprungen als beim ersten Sprung.
Sofie ist 30 cm weiter gesprungen als beim ersten Sprung.

2 Bestimme, wer die ersten drei Plätze belegt hat.

a) Beim 1. Sprung b) Beim 2. Sprung c) Insgesamt

	1. Sprung	2. Sprung	Insgesamt
1. Platz			
2. Platz			
3. Platz			

Schülerzahlen im Balken- und im Säulendiagramm darstellen

1 In der Sonnen-Schule gibt es zwei erste und zwei zweite Klassen. Für die Klassen 1a und 1b ist die Schülerzahl in einem Balkendiagramm dargestellt.

Klasse	Schülerzahl
1a	22
1b	20
2a	22
2b	23

a) Ergänze das Balkendiagramm für die beiden zweiten Klassen. Zeichne für jedes Kind ein X.

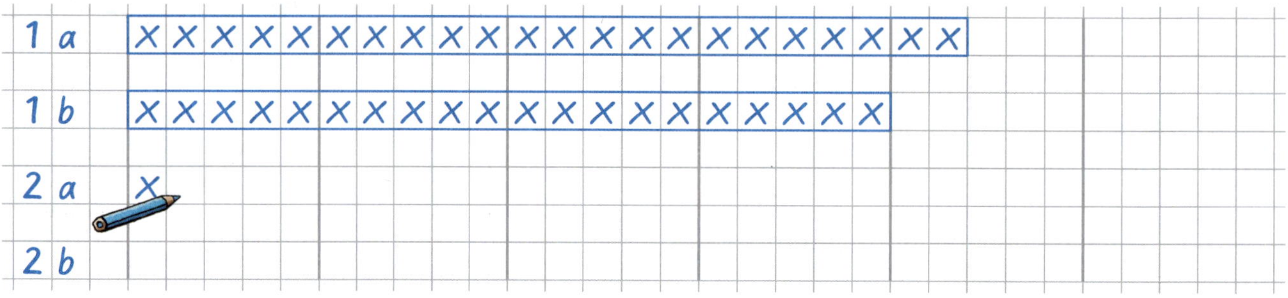

b) Ergänze die Aussagen.

In der Klasse 1a sind ___ Kinder. In der Klasse 2a sind ___ Kinder.

Die meisten Kinder sind in der Klasse ___.

Die wenigsten Kinder sind in der Klasse ___.

2 Für die Klassen 1a und 1b ist die Anzahl der Jungen und Mädchen in einem Säulendiagramm dargestellt.

Klasse	Mädchen	Jungen
1a	11	11
1b	12	8
2a	10	12
2b	12	11

a) Ergänze das Säulendiagramm für die Klassen 2a und 2b.

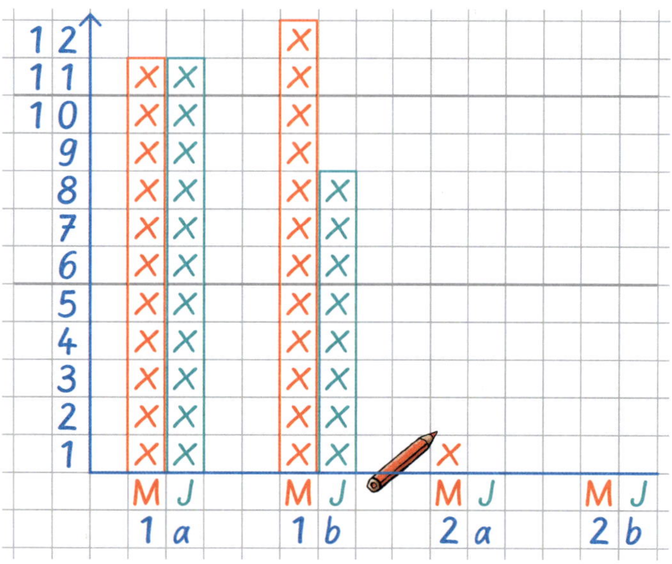

b) Ergänze die Aussagen.

In der Klasse ___ sind die wenigsten Jungen.

In der Klasse ___ sind die meisten Jungen.

In den Klassen ___ und ___ sind gleich viele Mädchen.

In der Klasse ___ sind genauso viele Mädchen wie Jungen.

Alle Möglichkeiten finden und notieren – Anziehen

1 Finde alle Möglichkeiten, wie sich Patrick mit seinen Lieblingssachen anziehen kann.

a) Zeichne alle Möglichkeiten.

b) Trage alle Möglichkeiten in der Tabelle ein.

	×			

c) Finde gemeinsam mit einem Partnerkind eine passende Rechnung und bestimme die Anzahl der Möglichkeiten.

R: ______________________

Patrick hat ____ Möglichkeiten.

d) Patrick möchte immer zwei verschiedene Farben tragen. Bestimme, wie viele Möglichkeiten er dann hat. Die Tabelle hilft dir.

Patrick hat ______________________

Wahrscheinlichkeiten und Situationen zuordnen

1 Lea nimmt mit verbundenen Augen 3 Plättchen.

a) Male, welche Farben die Plättchen haben können.

b) Kreuze an.

	sicher	möglich	unmöglich
Ein Plättchen ist rot, zwei sind blau.		X	
Alle drei Plättchen sind rot.			
Ein Plättchen ist blau, zwei sind rot.			
Alle drei Plättchen sind blau.			
Mindestens ein Plättchen ist rot.			

2 Es sind 5 Plättchen. Lea nimmt immer ein Plättchen.
Male rote und blaue Plättchen, so dass die Aussagen stimmen.

a) Es ist sicher, dass Lea ein rotes Plättchen bekommt.

b) Es ist möglich, dass Lea ein rotes Plättchen bekommt.

c) Es ist sicher, dass Lea ein blaues Plättchen bekommt.

d) Es ist unmöglich, dass Lea ein blaues Plättchen bekommt.